マイナビ新書

教養として学んでおきたい
古事記・日本書紀

島田裕巳

マイナビ新書

はじめに

世界の民族には、それぞれ独自の「神話」が伝えられている。

ギリシア神話や北欧神話がもっとも広く知られている。中国やインドにも神話はあるし、世界のさまざまな部族社会にも神話が伝えられている。

ユダヤ教の聖典である「トーラー」は、キリスト教の「旧約聖書」に取り込まれたが、その冒頭を飾る「創世記」などは、世界のはじまりから説かれており、ユダヤ教とキリスト教の聖典であると同時に、神話としてもとらえることができる。

日本の場合には、「古事記」と「日本書紀」に神話が記されている。これは、古事記の「記」と日本書紀の「紀」をあわせて、「記紀神話」と呼ばれる。記紀神話は、日本に独自の神話である。

神話は神々の物語である。その点については、ギリシア神話を思い浮かべてみれば、すぐに理解されるだろう。ギリシア神話では、主な神々のことを「オリュンポス十二神」と呼ぶ。そのなかには、ゼウスやその妻のヘーラー、アポローンやアルテミスなどが含まれる。

オリュンポスとは、ギリシアで一番高い山の名前であり、神々はその山に住んでいるとされている。

北欧神話にも、記紀神話にも、多くの神々が登場する。

神話が神々の物語であるなら、ユダヤ教やキリスト教に神話は存在しないはずである。この二つの宗教は一神教で、神は唯一の存在である。ほかに神はいない。

しかし、「創世記」に登場する最初の人間、アダムは930歳まで生きた。神からその信仰を試されたアブラハムも175歳まで生きたとされている。この二人のあり方は人間を超え、神に近い。その点では、「創世記」をユダヤ・キリスト教の世界に伝わる神々の物語としてとらえることもできる。

神話の大きな特徴は、世界や人間のはじまりを含め、さまざまな事柄の起源について語るところにある。

私たちが生きている世界は、いったいどのようにして生み出されてきたのか。私たち人類は、はるか古代からその点に強い関心を抱いてきた。神話が語られるようになるのは、そうした好奇心を満たすためだったと考えられる。

しかし、世界や人間の起源が語られるのは、それだけが目的ではない。「創世記」では、最初の人間であるアダムとイブ（エバとも呼ばれる）からはじまる系譜がつづられており、それが、現存するイスラエルの民、ユダヤ人に伝えられていることも記されている。逆に、他の民族については、そうした系譜は示されていない。

神が世界全体を創造したというのであれば、神はあらゆる民族を生み出したことになるはずなのだが、神話はそれを伝える民族の系譜にしか注目しない。それは結果的に、その民族を特別なものとして扱うことにつながる。そこからは、自分たちは他の民族に比べて優秀だとする「選民思想」が生み出されてくるのである。

記紀神話の場合にも、神々の物語は、やがて初代の天皇、神武《じんむ》天皇の誕生につながっていく。神武天皇は、皇室の祖先神（皇祖神）とされるアマテラスオオミカミ（天照大神）などが地上に降臨させたニニギノミコト（瓊瓊杵尊）の曽孫とされ、神の血を受け継いだ者として描かれている。代々の天皇はさらに、神武天皇の血を受け継いでいるとされる。そこに、天皇が特別な存在であることの根拠が求められている。その点で神話は、現実の歴史にも多大な影響を与えることになる。

日本神話の特徴は、そこに登場する神々が、現代においても各地にある神社の祭神として祀られている点に求められる。

神社のあり方については、同じマイナビ新書のシリーズにラインナップされた拙著『教養として学んでおきたい神社』で詳しく述べた。それぞれの神社では、必ず祭神が祀られているが、そのなかには神話に由来するものが数多く含まれている。私たちは神社に参拝することによって、神話の世界に接しているとも言えるのだ。そう考えたとき、神話は過去の荒唐無稽な物語ではなくなり、私たちの信仰を支えるものであることが明らかになってくる。

しかし、記紀神話について学ぶ機会は限られている。

中学や高校の古文の教科書で、古事記や日本書紀が取り上げられることはほとんどない。大学入試で取り上げられることもまずないので、受験生は古事記や日本書紀を学ぼうとはしない。日本史では、古事記や日本書紀が作られたことについては必ずふれられるものの、そこに記された神話の内容が歴史上の事実として扱われることはない。

大学になれば、専門の学科には、古事記や日本書紀を読み進めていくような授業も用意されている。だが、そうした学科に進まなかった学生には、古事記や日本書紀に接する機会はめぐってこない。

そこには、戦前の時代に、神話を歴史的な事実として受け取らなければならない状況が生み出されたことに対する反省の念もこめられている。今、学校で神話を教えることが義務づけられるとすれば、強い反発が巻き起こることが予想される。

したがって、現代の私たちは、日本の神話について十分な知識を持ち合わせてはいないし、それを知る機会にも恵まれていない。

もちろん、神話ははるか古代に作られた架空の物語で、そこに歴史が直接反映されているわけではない以上、それを学ぶ価値はないという考え方もある。

だが、神話の内容は民族によって大きく異なっており、そこには、民族性が色濃く反映されている。簡単に言えば、神話には、日本人らしさが示されている可能性がある。そう考えると、私たちが日本の神話に無知であることは、決して好ましいことではない。

ただ、そうなると、日本人の精神性はいかなるものなのかといった難しい問題に発展してしまう。けれども、もっと単純なところに、神話の価値を見出すことはできる。

たとえば、日本各地を観光するときに、神話についての知識は大いに役立つ。

一例をあげよう。

古事記にも日本書紀にも、日本の国土を作り上げたイザナミノミコト（伊邪那美命）が亡くなり、黄泉《よみ》の国に赴く話が出てくる。

日本書紀には出てこないのだが、古事記では黄泉の国に赴くための黄泉比良坂《よもつひらさか》は、出雲国《いづものくに》の伊賦夜坂《いふやざか》のことだとされている。

私は、一度、島根県松江市にある伊賦夜坂とされる場所を訪れたことがある。

そこには、イザナミを追って黄泉の国にやってきたイザナギノミコト（伊邪那岐命）が、妻に追われて逃げ帰るとき、坂を塞ぐために置いたとされる「千引《ちびき》の石」があった。

もちろん、そこにある石が本当に千引の石であるかどうかは分からない。ただ、こうした場所を訪れたとき、それにまつわる神話を知っているかどうかで、興味も関心も変わってくる。

そうした場所は少なくない。

ニニギが降臨した場所については、宮崎県北部の高千穂峡とする説と、鹿児島県と宮崎県の県境に鎮座する霧島連山の一つ、高千穂峰とする説とがあるのだが、双方を訪れ、どちらが天孫降臨の地としてふさわしいかを考えるのも面白い。

大都会にも、神話と縁のある場所がある。

たとえば、福の神とされるえびすを祀る総本社、兵庫県西宮市の西宮神社は、福男の行事でも名高いが、そこの祭神、えびす大神はヒルコノオオカミ（蛭児大神）ともされる。ヒルコは、イザナギとイザナミによる国生みの際、最初に生まれた神である。神話の地は、案外身近なところにもあるわけである。

日本の神話は、古事記や日本書紀にまとめられ、それが、１３００年以上にわたって受け継がれてきている。こういう事例は意外と珍しい。

ギリシア神話だと、ホメーロスの「イーリアス」や「オデュッセイア」、ヘーシオドスの「神統記」などで語られているが、神話全体が一つにまとめられているわけではない。

中国にも神話はあるが、一つの書物にまとめられていないし、必ずしも体系的な物語として今日にまで伝えられているわけではない。

神話は歴史につながっており、日本の国の成り立ち、あるいはあり方について、さまざまなことを教えてくれる。

その点では、私たち日本人が、日本という国について考えようとする際には、神話について正しい認識と知識を持っている必要がある。

古事記と日本書紀とは、いったいどういうものなのだろうか。両者に違いはあるのだろうか。神話に歴史は反映されているのだろうか。神々と天皇とはどう関係するのだろうか。

この本では、そうした点を分かりやすく説いていきたいと考えている。

教養として学んでおきたい古事記・日本書紀

目次

第3章 アマテラスとスサノオ

第4章 古事記にしかない出雲神話

第5章 国譲りと天孫降臨の神話

第6章 神武天皇からの天皇の物語

第7章　ヤマトタケルの物語

第8章　現代に蘇る古事記・日本書紀

第1章

神話としての古事記・日本書紀

神話の持つ意味とは

神話とは神々の物語である。

古事記でも日本書紀でも、とくに前半の部分は日本の神々の物語になっている。

ただ、神々が登場する物語は、古事記・日本書紀に限られない。おとぎ話や伝説のなかにも、人間を超えた、あるいは人間と異なる存在が登場するものがある。

では、神話とおとぎ話や伝説はどこで区別されるのだろうか。

次にあげる物語のなかで、古事記や日本書紀に含まれるものはどれだろうか。

浦島太郎
因幡《いなば》の白兎《うさぎ》
海幸彦と山幸彦
かぐや姫

牽牛《けんぎゅう》と織女《しょくじょ》

このうち、古事記と日本書紀に出てくるのがウミサチヒコ（海幸彦）とヤマサチヒコ（山幸彦）の物語で、古事記だけに出てくるのが因幡の白兎の物語である。浦島太郎の物語は日本書紀に登場するが、ウミサチヒコとヤマサチヒコの物語を下敷きにしているとも言われる。

古事記・日本書紀とかかわりがないのが、かぐや姫と牽牛・織女の物語で、かぐや姫は「竹取物語」に出てくる。牽牛・織女は中国の伝説だが、神話とされることもある。

浦島太郎の物語も、中世から近世にかけて広く読まれた「御伽草子《おとぎぞうし》」にも含まれており、その点ではおとぎ話としても扱われていたことになる。

因幡の白兎やウミサチヒコ・ヤマサチヒコの物語も、それだけ取り出せば、伝説、おとぎ話に見えてくる。その点では、神話と伝説、あるいはおとぎ話の境界線はあいまいだということになる。

浦島太郎もそうだが、因幡の白兎やウミサチヒコ・ヤマサチヒコの物語が古事記や日本書紀に含まれているのだとしても、これらを神話の枠のなかに含めるには、何か物足りないところがあるような気もする。

因幡の白兎の物語には、オオクニヌシノミコト（大国主命）が登場する。そこでオオクニヌシは、可愛そうな兎を慈しむ優しい存在として描かれている。

しかし、オオクニヌシの重要性は、スサノオノミコト（須佐之男命）の子孫としてスクナビコナノカミ（少名毘古那神）と協力し、葦原中国《あしはらのなかつくに》の国作りをしたことにある。さらに、高天原《たかまがはら》からアマテラスによって遣わされた神々に対して国譲りを行ったことも、古事記においては相当に重要な部分となっている。なお、国譲りの話は、日本書紀では本文では取り上げられておらず、一書《いっしょ》のなかで扱われている。

『広辞苑（第五版）』の「神話」の項目には、次のように記されている。

現実の生活とそれをとりまく世界の事物の起源や存在論的な意味を象徴的に説く説話。神をはじめとする超自然的存在や文化英雄による原初の創造的な出来事・行為によって展開され、社会の価値・規範とそれとの葛藤を主題とする。

表現は難しいが、神話とは、世界のはじまりや、世界に現れてきたさまざまな事物がどういった意味をもっているかを語る物語であり、そこには、神々や英雄たちが深くかかわってくる。しかも神話は、社会のあるべき姿を示し、ときに神々や英雄は、そうした社会規範とぶつかり合うこともあるというのだ。

要するに、神話が問題にするのは、国のあり方ということになる。その神話を伝える民族が住む国がどのようにして誕生し、発展してきたのか、神話はそれを語り出すことを目的としている。国を作る、あるいは国を広げるということでは、必ずやそこに対立が生まれ、それは戦争にも発展する。英雄が活躍する余地が生まれるのも、神話がそうした性格を持っているからである。

そのなかには、因幡の白兎のような物語も加えられてはいるが、それは神話の主たる筋書きを構成するものではない。あくまでサイドストーリーであり、本筋ではない。だからこそ、そうした物語は、伝説やおとぎ話としてもとらえられるのである。

記紀神話では、後半は神武天皇からはじまる代々の天皇のことが語られている。古代の天皇は日本の支配者であり、まさに国の根本的なあり方と深くかかわっている。

しかも、天皇は神々につらなる存在として描かれている。

古事記にも日本書紀にも、「天孫降臨」の物語が記されている。アマテラスなどに命じられて高天原から降臨するニニギは、オオヤマツミノカミ（大山祇神）の娘であるコノハナサクヤヒメ（木花開耶姫）と結婚し、何人かの子どもをもうける。古事記と日本書紀では、どういった子どもが生まれたかが異なるが、古事記では、そのうちの第三子ホノオリノミコト（火折尊）がワタツミノカミ（海神）の娘であるトヨタマヒメ（豊玉姫）と結ばれ、ヒコナギサタケウガヤフキアワセズノミコト（彦波瀲武鸕鷀草葺不合尊）を産んだとされる。さらに、ウガヤフキアワセズはやはりワタツミの娘であるタマヨリヒメ（玉依姫）と結ばれ、その間に産まれたのが初代の天皇、神武天皇ということになる。

もちろん、神話は架空の物語であり、神々だけではなく、神武天皇も実在したとは考えられない。なにしろ、その祖母にあたるトヨタマヒメはヤヒロワニの姿で出産したとされる。ヤヒロワニが何かは議論があるが、サメやワニ、ウミヘビのたぐいと考えられる。

そもそも代々の天皇を遡ると神々に行き着くということが、現代の常識からすればあり得ないことである。しかも、ニニギの父であるアメノオシホミミノミコト（天忍穂耳尊）は、アマテラスとスサノオが誓約をしたときに生まれたものである。その際にスサノオはアマテラスから八尺瓊勾玉《やさかにのまがたま》という珠を受け取って、それを噛み砕く。その際に噴き出した息の霧からアメノオシホミミなどが生まれたというのだ。生まれ方は超自然的である。

そんなことは到底事実とは考えられないわけだが、古代の天皇が日本の支配者となり、現行の日本国憲法で「日本国の象徴であり日本国民統合の象徴」とされているのも、究極の根拠は、神話に求めるしかない。憲法では、天皇が国の象徴であるのは、「主権の存する日本国民の総意に基く」とはされていても、総意がどのようにして形成されたのか、具体的な経緯があるわけではない。その点では、「はじめに」でも述べたように、記紀神話は現代の日本社会にまで強い影響力を発揮していることになる。

神話は国の成り立ちと深くかかわっている。そこにこそ神話の特徴があり、その点で、おとぎ話や伝説の類とは異なる。古事記と日本書紀を見ていく際に、そこが決定的に重要なのである。

同じ時期に作られた古事記と日本書紀

では、古事記と日本書紀はどう関係するのだろうか。

両者の成立年代は近い。年代をめぐってはいろいろと議論もあるが、基本的に古事記は712年に、日本書紀は720年に成立したとされている。

なぜ同じ時期に、二つの書物は作られたのだろうか。

二つの書物には共通する部分も多いが、異なるところも少なくない。なぜそうした共通性と差違が生まれたのだろうか。

私たちはまず、その点から見ていく必要がある。

古事記の場合、冒頭に「序」がついている。序文があるわけで、それによれば、天武《てんむ》天皇の勅語《ちょくご》を受けた稗田阿礼《ひえだのあれ》という人物が「誦習《しょうしゅう》」し、それを太安万侶《おおのやすまろ》に「撰録《せんろく》」させ、和銅5（712）年正月28日に元明《げんめい》天皇に献上させたとされる。

誦習とは、書物などをくり返し読んで覚えることをさし、撰録とは文章を作って記録することを意味する。稗田阿礼は28歳で、この人物が誦習したのは、「帝皇日継《おうひつぎ》」と「先代旧辞《せんだいくじ》」であった。帝皇日継は「帝紀」とも呼ばれ、古代における皇位の継承についての記録である。先代旧辞の方は「旧辞」とも呼ばれ、古代の神話や伝承を記録したものである。ただし、帝紀も旧辞も失われてしまい、今日には伝わっていない。

日本書紀の場合には、それに続く日本の正史である「続日本紀《しょくにほんぎ》」の養老4（720）年5月21日の条に、「是より先に、一品舎人親王《いっぽんとねり》勅を奉りて、日本紀《にほんぎ》を修す。是に至りて功成りて、紀30巻・系図1巻を奏上す」とある。天武天皇の子である舎人親王が天皇に命じられて編纂《へんさん》したのが日本書紀であり、それは30巻からなるもので、系図も1巻あったというのだ。

日本書紀の名称が、ここにあるように日本紀だったのか、それとももともと日本書紀だったのかについては議論があり、必ずしも決着がついてはいないが、今日では日本書紀と呼ばれるのが一般的である。なお、系図1巻は失われ、今日に

古事記と日本書紀

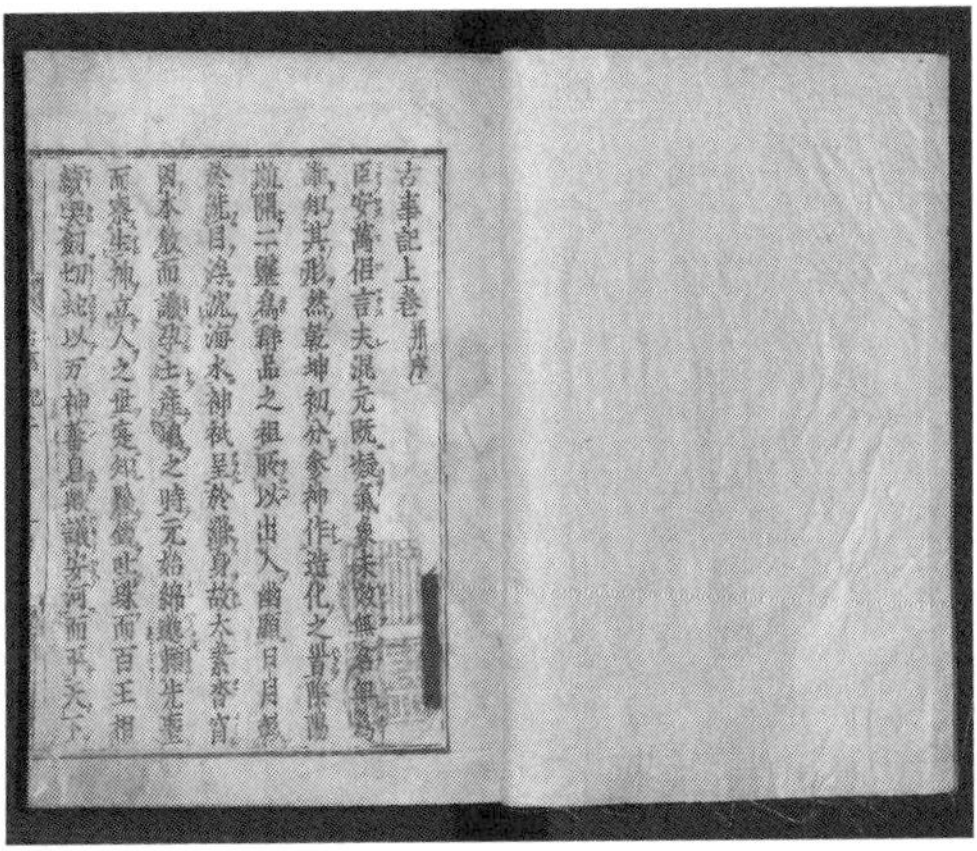

寛永版本 古事記、初版（國學院大學研究開発推進機構所蔵）

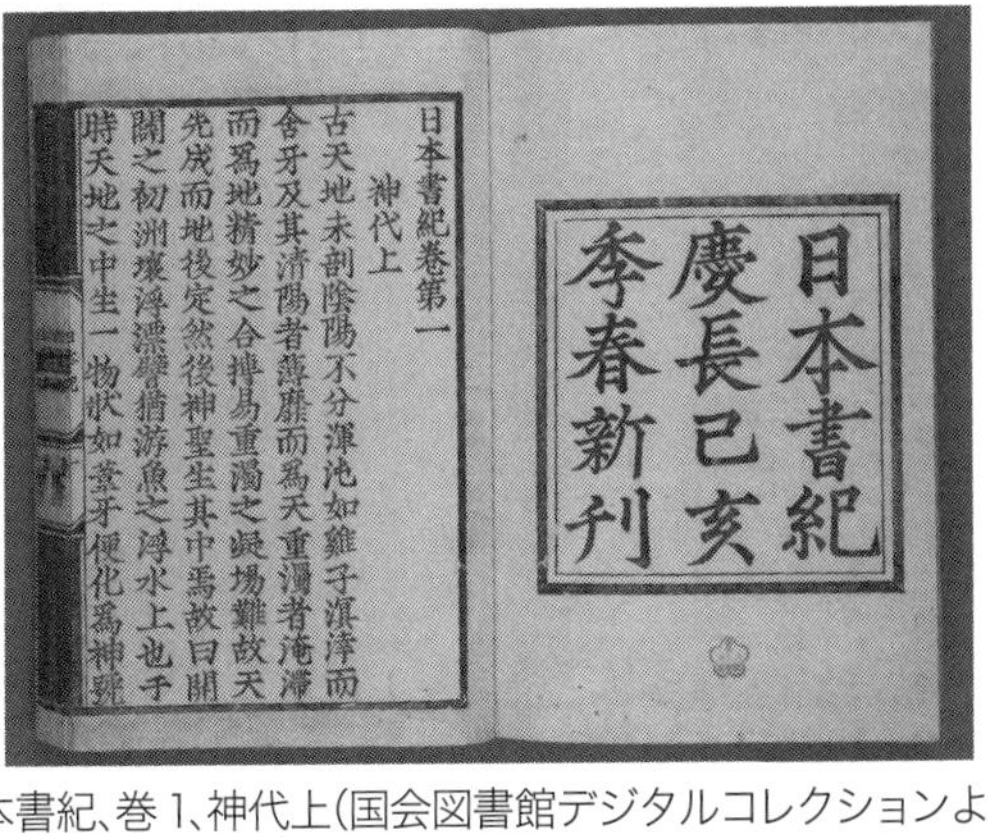

日本書紀、巻 1、神代上（国会図書館デジタルコレクションより）

は伝えられていない。

古事記と日本書紀では、そこに記された内容には共通した部分が少なくない。天皇については、古事記では第33代の推古《すいこ》天皇までのことしかふれられていないが、日本書紀では第41代の持統《じとう》天皇のことにまでふれられている。

古事記と日本書紀の編纂を命じたのは、ともに第40代の天武天皇である。天武天皇の在位は６７３年から６８６年までである。日本書紀の天武天皇10（６８１）年３月17日の条に、天皇が大極殿《だいごくでん》に現れ、川嶋皇子《かわしまのみこ》以下に詔をし、「帝紀及び上古の諸事を記し定めしめたまふ」とある。これは歴史書の編纂を命じたものと考えられ、詔《みことのり》を賜った人間たちのうち、大山上《だいせんじょう》中臣連《なかとみのむらじ》大嶋と大山下《だいせんげ》平群臣子《へぐりおみこ》首《びと》が筆をとって記録したとされる。

この出来事については、古事記の編纂を命じたものか、それとも日本書紀の方なのかで見解が分かれている。どちらともとれ、他に史料がないので真相ははっきりしない。天武天皇の時代に歴史書編纂の事業がはじまり、古事記の方が最初に出来て、それに続いて日本書紀が出来たとしか言えない状況にある。

このように古事記と日本書紀の編纂がいつからはじまったのかについてははっきりしないわけだが、古事記の場合には、それが完成したことについて序にしか記されていない。その点で、日本書紀の完成がそれに続く正史に記されているのとは異なる。

そのため、古事記については江戸時代から偽書とする説が唱えられている。偽書説には、全体を偽書とする説と、序だけを偽書とする説があった。

国学者の賀茂真淵などは、門人であった本居宣長にあてた書簡のなかで、本文は和銅の時代よりも古いものだが、序は奈良時代の人間が追加して書いたものだという考えを披露している。今日でも、古事記偽書説、あるいは古事記序偽書説を唱える人間はいる。

しかし、「万葉集」巻第二の89の歌では、「古事記に曰く」とある。また、この歌の左註では、允恭《いんぎょう》天皇のことについて、「遠飛鳥宮《とおつあすかのみや》に天の下治《しろし》めしたまふ雄朝《おあさ》嬬稚子宿祢天皇《づまわくごのすくねのすめらみこと》」とあり、遠飛鳥宮について、日本書紀はふれず、古事記にのみ記されている。こうしたことを踏まえれば、古事記偽書説は成り立たない。

その点については、上田正昭が『私の日本古代史（下）「古事記」は偽書か――継体朝から律令国家成立まで』（新潮選書）で詳しく論じており、偽書説を、序を含めて否定している。おおむね上田の説くところが正しいのではないだろうか。

神話の部分について、古事記と日本書紀に記された筋立ては共通している。天地開闢《かいびゃく》からはじまって、イザナギとイザナミによる国生み・神生み、アマテラスの天の岩屋戸の話、中つ国の平定、オオクニヌシの国譲り、天孫降臨、ウミサチヒコとヤマサチヒコの話へと進んでいく。

ただ、細かいところでは、両者に違いがある。たとえば、古事記には２６７柱の神が登場するが、日本書紀では１８１柱である。因幡の白兎の話は古事記には出てきても、日本書紀には出てこない。ほかにもさまざまな点でこの二つの書は異なっている。

その一々についてふれていけば、それだけで一冊の書物になってしまうが、いくつか重要なポイントがある。

文体も内容も違う古事記と日本書紀

一つは書き方の違いである。それは、両者を比較して読んだときにすぐに気づくことである。

古事記は、全体が一つの一貫した物語として語られている。歴史物語の形をとっているわけである。

それに対して、日本書紀の場合には、本文だけで構成されるのではなく、「一書に曰《いわ》く」という形で、別の伝承についても記載されている。しかも、それがいくつもあげられている。もっとも多いのは、神生みの部分で、一書の数は11にも及ぶ。ただし、神武天皇以降のことになると、「一書に曰く」という形で別の伝承が紹介されることは少なくなる。

さらに、日本書紀の神武天皇以降の部分では、中国や朝鮮の史料が用いられており、参照した文献の名前もあげられている。「魏志《ぎし》」、「晋起居注《しんききょちゅう》」、「百済記《くだらき》」、「百済本記《ほんき》」、「百済新撰《しんせん》」などである。

こうした点で、日本書紀は、歴史物語であるとともに、学術書のような形をとっているとも言える。物語の展開とともに、そこに記されたことがいかに正確なものであるかを示そうとしているわけだ。逆に、物語として読むには適していないとも言える。

使われる文体も異なっている。

日本書紀は基本的に漢文である。漢文は、漢字を用いてつづられた中国の古い時代の文語体で、日本でも公《おおやけ》の文章は漢文でつづられてきた。

ただし、日本人が書く漢文には、日本語の影響で、独特の癖や用法があり、それは、「和習《わしゅう》（和臭）」などと呼ばれる。日本書紀にも、この和習が認められるし、そこに引用されている128首の和歌は万葉仮名が用いられている。

和習はあっても、日本書紀が漢文でつづられているのは、読者として日本人だけではなく、漢文が読める中国や朝鮮の人たちが想定されていた可能性がある。正史を作成するということは、国の成り立ちがいかなるものかを示すことになるわけで、そこには国家としてのプライドがかかわっている。日本書紀で漢文が採用されるのも、それが関係することだろう。

それに対して、古事記は、序文こそ漢文で記されているが、本文となると、「変体漢文」、あるいは「和化漢文」で記されている。変体漢文とは、漢字が用いられているものの、正規の漢文にはない用語法や語彙が用いられているもののことをさす。

前掲の上田正昭は、「漢文式和文体」ということばを使っているが、このことばが古事記の文体を説明するには一番わかりやすいかもしれない。漢文に似せた日本語の文章だというわけである。

古事記において、序と本文では文体が異なっている。古事記の序について偽書説が唱えられるのも、そのことが関係している。ただ、序では古事記がどのようにして成立したのか、同時代の事柄がつづられているのに対して、本文の前半は神話であり、神々の時代のことが描かれている。それを描くには、漢文よりも漢文式和文体を用いた方がしっくりすると考えられた可能性はある。

このことは、後世において、古事記と日本書紀がどのように受け取られたかに影響を与えた。その点については、第8章で本居宣長による古事記の研究にふれる際に説明することとしたい。

古事記が、正規の漢文ではなく、上田の言う漢文式和文体が用いられているということは、読者対象として中国や朝鮮の人たちのことは念頭になかったことを意味する。日本書紀が外向けであるとすれば、古事記は内輪向けである。

古事記の序に書かれていることが真実であるなら、それは天皇の命令によって編纂がはじまったもので、天皇に献上されている。つまり、古事記は天皇のために作られたと言える。そこには、天皇の権力、あるいは権威のもとがどこにあるのかが示されている。天皇には、そうした歴史観を持つことが必要であり、そのために古事記は作られたのかもしれない。正史のなかで古事記のことがふれられていないのも、古事記が天皇にとって、あるいは天皇家にとって私的なものであったからかもしれない。

日本書紀では語られない「出雲神話」

もう一つ、内容面での違いとして出雲に関する神話の扱い方があげられる。これは、長年古事記を研究してきた三浦佑之が『出雲神話論』（講談社）という大著で強調していることでもあるが、古事記では「出雲神話」が語られているが、日本書紀にはそれが欠けているのである。

出雲神話とは、出雲を舞台とした物語である。主役はスサノオとその子孫であるオオクニヌシである。スサノオは高天原を追われ、出雲に降り立つ。そこで八岐大蛇《やまたのおろち》を退治し、クシナダヒメ（櫛名田比売）と結婚して、出雲を治めることになる。

そして、スサノオの6世の孫とされるオオクニヌシが因幡の白兎を救い、堅州《かたす》国《くに》へ行って、スセリヒメ（須勢理毘売）と結婚し、宝を手に入れてから地上の国へ帰る。オオクニヌシは兄弟のヤソガミ（八十神）たちを滅ぼした後に、スクナビコナとともに国作りを行うが、それが完成したところで、高天原から降臨した神々にその国を譲る。その後、オオクニヌシは、国を譲ることの代償として造ってもらった御殿に引っ込むことになる。

なぜ、日本書紀ではこの出雲神話が語られていないのだろうか。あるいは、逆に言えば、古事記ではなぜ出雲神話が語られているのだろうか。それを探る必要があるというのが、三浦の主張するところである。

なお、古事記や日本書紀とは別に「出雲国風土記」が伝えられている。風土記は各国の地誌ということになるが、それについては、「続日本紀」の和銅6（713）年5月甲子の条に、元明天皇がその編纂を命じたことが記されている。これによって各国で風土記が編纂されるが、ほぼ完全な形で残されているのは「出雲国風土記」だけである。

その点で、出雲国風土記は貴重なものということになるが、そこでも、日本書紀と同様に出雲神話は語られていない。出雲神話は、古事記だけが伝えているのである。

こうしたことをどのように考えるかは、神話を見ていく上で重要なことになる。実際の歴史が、古事記や日本書紀にどこまで反映されているのか、そこがどうしても問題になってくるのである。

古事記と日本書紀の本質的な違い

古事記は3巻に分かれており、序を含む上つ巻《かみまき》は、神々の物語、神話になっている。それに続く中つ巻《なか》は初代の神武天皇から第15代の応神《おうじん》天皇までのことが記されている。最後の下つ巻《しも》は、第16代の仁徳《にんとく》天皇から推古天皇までである。

一方、日本書紀は、巻第1と巻第2で神話が語られた後は、代々の天皇のことが記されている。巻第3はまるまる神武天皇のことだが、巻第4では綏靖《すいぜい》天皇から開化《かいか》天皇まで8代の天皇のことがまとめて記されている。

巻第5からは、1巻に一代の天皇、あるいは二代の天皇について記されている。ただ、巻第15だけは三代の天皇について記され、巻第28と29では、天武天皇のことに2巻が費やされている。

なお、巻第9は仲哀《ちゅうあい》天皇の皇后だった神功《じんぐう》皇后に1巻が費やされている。そのため、明治時代になるまで、神功皇后は第15代の天皇であるともされていた。

天皇についての記述で古事記と日本書紀を比較した場合、古事記では、最初の方の天皇については多くのことが語られているのに対して、古事記が編纂された時代に近づくと、記述は簡略なものになっていく。

それに対して、日本書紀の場合には、一代の天皇について1巻、ないしは二代、三代の天皇について1巻がさかれているため、記述内容は均等で、むしろ、それが編纂された時代に近づけば近づいていくにつれ、記述内容は詳しいものになっていく。

たとえば、仏教公伝は第29代の欽明《きんめい》天皇の時代のこととされ、日本書紀ではこの出来事について詳しく述べられている。ところが、古事記ではいっさいそのことにはふれられていない。

簡単に言えば、古事記は神話に詳しく、日本書紀は代々の天皇の事績に詳しいということになる。そこに、古事記と日本書紀の性格の本質的な違いが示されているとも言える。

古事記では、天皇の代が進むと、どこに宮を作り、葬られた陵はどこに造られたのか、そして、誰と結婚し、どういった子をもうけたかといったことだけが記されるようになっていく。

それに対して、日本書紀では、代々の天皇の事績がかなり詳しくつづられており、それぞれの出来事がいつのことだったかも明記されている。まさに歴史書としての体裁をとっているのである。

したがって、今日において、日本の歴史について述べていく際に、日本書紀の記述が参考にされることは多い。そして、古事記に記されていることは、そのまま歴史として扱われることがない。その点で、古事記はあくまで神話として扱われているということになる。

日本書紀は、神話を語ることが主たる目的ではなく、代々の天皇の事績について述べることが中心である。神話の部分で、「一書に曰く」という形で異なる伝承が紹介されているのも、それを編纂する側に、神話と歴史とを区別しようとする意識が働いていたからだろう。

日本書紀において、神話として記されたことは、あくまで天皇が神につらなる存在であることを示すためであり、天皇による支配の正統性の根拠を明らかにすることに主眼がおかれているのである。

古事記と日本書紀は、記紀という形で一括して扱われることが多い。だが、その内容やあり方にはかなりの相違がある。神話に限っても、そこで語られる内容には大きな違いがある。古事記や日本書紀を読み進めていく際には、その点について注意する必要がある。

ただ、神話というものが古事記と日本書紀という書物にまとめられているところに、日本神話の大きな特徴があるのも事実である。

ギリシア神話と言った場合には、古事記や日本書紀に相当するものがない。ギリシアの神話は、いくつかの書物に分散して語られており、一つにはまとめられていない。したがって、一貫した物語にもなっていない。

日本は中国から多くのことを学んできたが、神話ということになると、中国の神話はまとまったものにはなっていない。伝えられていることは断片的であり、そのため、中国は「神話なき国」とも呼ばれる。

朝鮮の場合には、「三国史記」や「三国遺事」に神話が記されているが、建国神話に限られ、創世神話は語られていない。創世神話にあたるようなことは、シャーマンによって口伝えされてきたものの、書物にまとめられることではなかった。

その点で、日本の神話は特異なものと言える。私たちが、世界でも珍しい日本の神話を学べるということは、かなり特別なことかもしれないのである。

次の章からは具体的に神話の内容についてみていきたい。まず、日本神話は世界のはじまりをどのように語っているかから述べていこう。

第2章

天地開闢の神話

神話で描かれる宇宙創造

神話においてもっとも重要なテーマは、この世のはじまりについて説くということである。

世界のはじまりについて記した神話は「創世神話」と呼ばれる。創世神話においては、世界そのもののはじまりだけではなく、人類の起源、さまざまな事物や文化の起源が語られる。

世界がどのようにしてはじまったのかということは、私たちの興味を引く事柄である。なぜ、今私たちが生活している世界が生まれたのか。子どものとき、誰もがそれに疑問を抱く。考えてみれば、それはひどく不思議な事柄である。いくら考えても、はっきりとした答えは思い浮かばない。

現代の科学は、「ビッグバン理論」によって世界のはじまりを説明しようとする。この理論は、ウクライナで生まれ、アメリカで活躍したジョージ・ガモフという理論天文学者が提唱したものである。宇宙はビッグバンと呼ばれる大爆発によって誕生し、それによって生じた高温で高密度の火の玉が膨張していくにつれて冷却し、その過程でそれ自身が輝く恒星や多くの星によって構成される銀河などが形作られてきたというのである（『天文学辞典』公益社団法人日本天文学会 https://astro-dic.jp/）。

ガモフがビッグバン理論を提唱したのは1946年から1948年にかけてのことだが、1948年にはイギリスの天文学者、フレッド・ホイルなどが、それとは正反対の「定常宇宙論」を提唱した。これは、宇宙にははじまりもなければ終わりもないという考え方である。ただし現在では、ビッグバンによって生じた高温放射の名残も発見されており、ビッグバン理論の正しさが証明され、定常宇宙論は否定されている。

ビッグバン理論の萌芽になるような考え方は、20世紀の初頭から提唱されるようになっていたが、それ以前は、科学の世界において、むしろ定常宇宙論に近い考え方が支配的だった。

科学による宇宙の起源についての理論が確立される前、それぞれの民族においては、創世神話が宇宙のはじまりを説くものとして信じられていた。私たちはそうしたものを、科学に基づくものではないということで神話と呼んでいるわけだが、昔の人たちは、それこそが科学であり、事実であるととらえていた。

私たちは、ビッグバン理論こそ宇宙の起源についての科学的な説明であると言われても、なかなかそれを納得することができない。最初の爆発はどうやって起こったのか。そうした疑問が湧いてくるからである。爆発が起こる前、そこにはいったい何があったのか。そのように考えはじめると、謎はどんどんと深まっていく。

それに比較したとき、神話の方が納得しやすい部分を持っている。創世神話の典型となるのは、「創世記」に語られた神話である。創世記は、ユダヤ教の聖典である「トーラー」の冒頭を飾るもので、後にキリスト教に取り入れられ、「旧約聖書」においても冒頭におさめられた。
それは、次のようなものである。

初めに、神は天地を創造された。地は混沌であって、闇が深淵の面にあり、神の霊が水の面を動いていた。神は言われた。「光あれ。」こうして、光があった。神は光を見て、良しとされた。神は光と闇を分け、光を昼と呼び、闇を夜と呼ばれた。夕べがあり、朝があった。第一の日である（『新共同訳聖書』）

その後、神は草や果樹、生き物、そして人間を創造していく。
神によって宇宙は創造され、人間も同様に神によって創造された。それが、ユダヤ教からキリスト教に受け継がれた創世神話である。この神話はイスラム教にも受け継がれている。イスラム教の聖典「コーラン」には、「まことにおまえたちの主はアッラー、諸天と地を6日間で創り、それから高御座に座し給うた御方」（『日亜対訳クルアーン』第7章第54節、作品社）とある。これが、創世記をもとにしていることは明らかである。

ユダヤ教徒の数は1400万人程度と少ないが、キリスト教とイスラム教は世界第1位と第2位の宗教であり、その信者は世界の総人口の半分以上を占めている。ということは、多くの人間たちが同じ創造神話を共有していることになる。

しかし、現代の社会に生きる人間であれば、科学に信頼をおいており、神による創造をそのまま信じている人は決して多くはないだろう。

ただし、アメリカの保守的なキリスト教徒の集団である福音派の場合には、ビッグバン理論や進化論を否定しており、むしろ神による創造を信じている。

一神教で説かれる宇宙の創造は、その主体として神を想定する点で、イメージしやすい面を持っている。私たちは、神が創造した宇宙のなかに住んでいるから、神を信仰し、その指示に従わなければならない。そう考え、一応の納得を得ることができるわけである。

古事記・日本書紀で描かれる世界のはじまり

では、古事記・日本書紀では、世界のはじまりはどのような形で語られているのだろうか。まず、古事記の冒頭の部分を見てみたい。

天地《あめつち》初めて發《ひら》けし時、高天《たかま》の原に成れる神の名は、天之御中主神《あめのみなかぬしのかみ》。次に高御産巣日神《たかみむすひのかみ》。次に神産巣日神《かみむすひのかみ》。この三柱《みはしら》の神は、みな獨神《ひとりがみ》と成りまして、身を隠したまひき（古事記についての引用は、倉野憲司校注『古事記』岩波文庫による）

世界がはじまったとき、高天原には、アメノミナカヌシノカミ（天之御中主神）、タカミムスヒノカミ（高御産巣日神）、カミムスヒノカミ（神産巣日神）という三柱の神が現れたが、みな独り身で配偶者がいなかったため、身を隠してしまったというのである。

このうち最初に現れたアメノミナカヌシは、ここにしか登場しない。タカミムスヒは、タカギノカミ（高木神）という別名を持ち、いくつかの場面に登場する。とくに、葦原中国を平定する場面では、アマテラスとともにさまざまな指示を下しており、神々のなかでも重要な存在である。カミムスヒもいくつかの場面に登場するが、「御祖《みおや》」とも呼ばれ、さまざまな神々の祖神であるとされる。

一方、日本書紀の本文は、次のような形ではじまる。古事記とはまったく違うのだ。

古に天地未だ剖《わか》れず、陰陽《めを》分れざりしとき、渾沌《まろか》れること鶏子《とりのこ》の如くして、溟涬《ほのか》にして牙《きざし》を含《ふふ》めり。其れ清陽《すみあきらか》なるものは、薄靡《たなび》きて天《あめ》と成り、重濁《おもくにご》れるものは、淹滞《つつ》ゐて地と成るに及びて、精妙《くはしくたへ》なるが合《あ》へるは搏《むらが》り易く、重濁れるが凝《こ》りたるは竭《かたま》り難し。故《かれ》、天先ず成りて地後に定まる。然《しかう》して後に、神聖《かみ》、其の中に

生《あ》れます（日本書紀については、坂本太郎他校注『日本古典文学大系』による）

こちらの方が、はるかに難しい。漢字もルビをふらなければ、どう訓《よ》んでいいかが分からない。

日本書紀のこの部分については、中国の書物が影響していると言われる。たとえば、その代表としてあげられるのが、前漢の武帝の時代、紀元前2世紀に成立した「淮南子《えなんじ》」の天文訓である。そこには、「天地未だ剖《わか》れず、陰陽未だ判《わか》れず」とある。他の中国の書物の影響もあるとされる。これは、古事記にはまったくないことである。

その後、「洲壌《くにつち》（国土のこと）」が浮かれ漂う状態になっているなかに、「葦牙《あしかび》（葦の芽のこと）」のようなものが生まれ、それがクニタチノミコト（国常立尊）という神になったとされる。その後も、クニサズチノミコト（国狭槌尊）やトヨクムネノミコト（豊斟渟尊）が生まれるが、性別がなかったという。古事記とは最初に現れた神も異なっている。

ただ、日本書紀には一書という別伝があり、そのなかには、アメノミナカヌシ(日本書紀では天御中主尊)やタカミムスヒ(高皇産霊尊)、カミムスヒ(高皇産霊尊)が生まれたとするものがある(一書第四)。古事記と同一の伝承をもとにしていると考えられるが、他の一書では、最初に現れた神々は多様である。

細かい点は、あまりに煩雑《はんざつ》になるのでふれないが、一つここで述べておきたいのは神の名前についてである。今見たように、古事記と日本書紀では、同じ神でも漢字の表記が異なっており、タカミムスヒのタカギノカミのように別名を持つ神々も少なくない。

したがって、神名を統一することは不可能である。この本では、主に古事記の表記を使うことにするが、古事記のなかでも表記が異なっていたりする。その点を予め理解しておいてほしい。

古事記と日本書紀では、話のはじめ方や内容に違いがあるわけだが、神が世界を創造するわけではなく、天地開闢のときに、混沌のなかから神々が成ったとしている点では両書は共通している。神々は自然に現れるものとされ、しかも、古事記のアメノミナカヌシのように、そのなかにはそのまま消え去ってしまう神もあったのだ。

そこが、一神教の創世神話とは根本的に異なっている。一神教の神話では、世界を創造する主体として神が登場する。その神の命じるところに従って、世界が次々と創造されていくのである。

それに対して、古事記・日本書紀では、神々は登場するものの、そうした神々は創造の業を行うわけではない。独り神、あるいは性別のない神であったとされているのは、その後に、イザナギとイザナミという最初の神が登場するからで、それ以前の神々の登場は、天地開闢の序曲のように扱われているように見える。天地開闢の本番は、イザナギとイザナミという男女ペアの神が登場したところからはじまるのである。

一神教と日本の神話における世界のはじまりの違い

世界を創造した神が明確になっている一神教の神話と、それが不明確な日本の神話との違いは、とても重要な意味を持っている。

一神教では、世界を創造した創造主としての神が決定的に重要な存在であり、世界はその神の意志によって形作られたと考えられる。その神によって創造された人間は「被造物《ひぞうぶつ》」であるということになる。

もちろん、人間だけではなく、他の生物も被造物であるということになる。ところが、人間が最後に創造され、特別な存在に位置づけられている。

イスラム教では、信仰対象を「六信」としてとらえており、そのなかには神、天使、啓典、預言者、来世、そして定命《ていめい》が含まれる。

定命は、アラビア語でカダルと呼ばれ、人間、あるいは万物の運命はすべて神によって定められていることを意味する。神にはそれだけの強力な力があると見なされているわけである。

　ところが、日本の神話には、一神教のように強力な神は登場しない。神々は自然に生まれてくるもので、しかも、人間や生き物などを創造するわけではない。イザナギとイザナミが創造するのも日本の国土である。

　古事記によれば、イザナギとイザナミは、彼らに先立って現れた「天つ神」たちに、「この漂っている国をなんとか固めなさい」と命じられ、「アメノヌボコ（天沼矛）」という玉で飾った矛を与えられる。二柱の神は、そこで天空に浮いている「アメノウキハシ（天の浮橋）」に立ち、矛を下ろしてかき混ぜ、その矛を引き上げると、矛の先から塩が滴り落ち、それが積もって「オノゴロジマ（淤能碁呂島）」が生まれる。オノゴロジマがどこをさすのかは分かっていない。

　二柱の神は、その島に降り立ち、「アメノミハシラ（天の御柱）」と「ヤヒロドノ（八尋殿）」という柱と家を建てる。イザナギがイザナミに対して、からだがどのようになっているかを問うと、イザナミは自分には欠けている部分があると答えた。イザナギの方は、逆に自分には余っている部分があると言い、それをイザナミの欠けている部分にさし塞いで、国土を生もうと申し出る。この欠けている部分と余っている部分とが女陰と男根であることは明らかで、二柱の神は自分たちが性交することで国土を生もうとしているわけである。

そして、二柱の神は天の御柱を、イザナミは右から、イザナギは左からまわり、イザナミが先に相手の素晴らしさを褒めたたえると、イザナギは女の方から先に言うのはよいことではないと言い出した。

それでも、二柱の神は交わるが、最初に生まれたのは骨のない「ヒルコ（水蛭子）」で、それは葦の船に乗せて流してしまう。次には「アワシマ（淡島）」が生まれるが、それも子どものうちには入らなかったとされる。

うまく子が生めなかったため、二柱の神は天つ神に意見を求めるが、女が先に言ったのがよくないということになる。そこでイザナギの方が最初に相手を褒め、それで交わると、淡路島と四国からはじまって、次々と島を生んでいく。そのなかには、九州や壱岐、対馬、佐渡などが含まれた。そして、最後に「大倭豊秋津島《おおやまとよあきつしま》」が生まれるが、これが本州のことである。それで、八つの島からなる「大八島国《おおやしまぐに》」が成立することとなった。日本が誕生したのだ。

その後、イザナギとイザナミは、さまざまな神々を生んでいくことになるが、そこで生まれた神々は、自然を象徴するものばかりである。石や土、海や川、霧や渓谷、鳥や食物、鉱物などなどである。

日本書紀でも、同様な形で国生み、神生みが語られるが、古事記と一つ異なるのは、イザナミが「陰神《めかみ》」、イザナギが「陽神《をかみ》」と呼ばれていることである。

陰陽という形で、陰と陽とを対比させるのは古代中国の発想法である。陰は日陰、陽は日なたを意味し、そこからは暗と明、寒と熱といった対立する概念が生まれ、それは万物の生成を説明する原理としてとらえられた。とくに易学において陰と陽との対立は重視され、陰と陽とが交わる様子は「太極図《たいきょくず》」に描かれた。その点で、日本書紀は中国の陰陽思想の影響を受けていることになる。

ところが、イザナミが多くの神々を生んだことは、彼女に大きな犠牲をはらわせることになる。

イザナミが生んだ神のなかには、「ヒノカグツチノカミ（火之迦具土神）」が含まれていた。これは、火によってものが焼ける匂いから命名されたものだが、それが火の神であったために、イザナミは女陰を焼かれ、病に伏せった後、亡くなってしまう。そして、黄泉国へ赴くことになる。

火というものは、人類が生活を営む上で極めて重要なものであり、それは食物を調理するためにも、暖をとるためにも利用される。したがって、どの民族においても火の神が信仰の対象になっている。ペルシアに生まれたゾロアスター教は拝火教とも呼ばれ、火を重視することで知られる。あるいは、ギリシア神話に登場するプロメテウスは、天上の火を盗み出して人間に与えるという重要な役割を果たす。

ところが、カグツチの場合、イザナギは、イザナミを出雲国と伯耆国《ほうきのくに》の境にある比婆《ひば》の山に葬った後、腰に帯びていた十拳剱《とつかのつるぎ》を抜いて、その頸《くび》を切り落としてしまう。すると、そこからは雷神や剣神、山の神が生まれる。すでに、イザナミが病に伏せった際には、吐瀉物や排泄物から水や作物、粘土、金属の神が生まれていた。火の神の誕生は、イザナミの死という犠牲を伴ったものの、人間の生活に欠かせない重要なものを次々と生み出すことに結びついた。やはり火の誕生は極めて重要な出来事なのである。

神話に現れる日本の宗教観

もう一つ、この場面で重要なことは、神の死が描かれていることである。

一神教の場合、世界を創造した唯一絶対の神が死ぬことはあり得ない。ただ、キリスト教の場合には、神の子であるイエス・キリストは十字架にかけられて殺される。それでも、墓に葬られた後、３日目に復活したとされている。

その点で、神の子は死んだままになってしまったわけではない。そして、キリスト教の教義では、神とイエス・キリスト、そして聖霊は「三位一体《さんみいったい》」を構成するとされるようになる。

逆に、一神教の神は死なないものであるからこそ、ドイツの哲学者、ニーチェの「神は死んだ」という宣言が強い衝撃を与えることになったのである。

イエス・キリストの死と復活ということに影響を与えた可能性があるのが、エジプト神話に登場するオシリスである。

オシリスは、エジプトの最初の統治者とされるが、兄弟のセトの恨みをかい、殺害されて川に投げ込まれてしまう。だが、姉妹のイシスが遺体を探しだし、ばらばらにされていた遺体を集め、オシリスを再生する。これは、神の死と復活の物語であり、農耕儀礼に結びつけられていく。穀物もまた、収穫を迎えるといったん死に、翌年春に再生することになるからである。

カグツチの場合には、父のイザナギに殺された後、復活することはなかった。

それは、イザナミについても言えることで、彼女は黄泉国の住人となってしまうのだ。

亡くなったイザナミが黄泉国へ行ってしまったため、イザナギも黄泉国へむかう。生きた者も黄泉国へ行くことができるのだから、そこは地続きになっていることになる。

イザナミはイザナギを出迎え、屋敷の入口で語り合うことになる。イザナギはまだ国作りが終わっていないので、一緒に帰ろうと申し出る。すると、イザナミは、自分はすでに黄泉国の食べ物を食べてしまったので、この国の住人になってしまっているが、わざわざイザナギが来てくれたので、帰ろうと思うと言い、そのことについて黄泉神と相談するので、自分の姿を見てはならないと申しつける。

こうした神話のモチーフは、「見るなのタブー」とも言われ、多くの民族に伝えられている。たとえば、「創世記」では、悪徳の都、ソドムを脱出したロトの家族は、後を振り返ってはならないと神から命じられるものの、妻はその命令に背いてしまい、塩の柱にされてしまう。

イザナギの場合にも、なかなかイザナミが戻ってこないのでしびれを切らし、屋敷のなかをのぞいてしまう。すると、イザナミのからだに蛆がわいているのを見てしまう。しかも、そこからは八柱の雷神が生み出されていた。

見られたことを知ったイザナミは、辱めを受けたとし、逃げるイザナギを黄泉《よもつ》醜女《しこめ》に追わせる。イザナギは必死に逃げるが、イザナミは、自分のからだから生まれた八柱の雷神に命じ、1500人の黄泉国の軍隊をつけて、なおもイザナギを追わせる。

イザナギは、なんとかこの世と黄泉国の境にある黄泉比良坂までたどりつき、岩でその入口を塞いでしまう。

興味深いのは、この黄泉比良坂がどこなのかが特定されていることである。それが、「はじめに」でもふれた出雲国の伊賦夜坂であるとされる。

この伊賦夜坂がどこかということにもなるが、日本書紀の本文では、こうしたイザナミの死と黄泉国の話は出てこない。

一書第五では、火神を生んで亡くなったイザナミは紀伊国の熊野の有馬村に葬られたとされる。また、一書第六では、黄泉比良坂は泉津平坂と表記されるが、日本古典文学大系版では、そこは特定の場所ではなく、死の瞬間を意味するのではないかという見解が示されている。これは、かなり合理的な解釈である。

熊野の有馬村の方は、イザナミが葬られた場所であり、黄泉国とされているわけではない。伊賦夜坂について、岩波文庫版の『古事記』では所在不明とされているが、島根県松江市東出雲町揖屋《いや》には、ここが伊賦夜坂であるとされる場所があり、そこには、「神蹟黄泉比良坂伊賦夜坂伝説地」という石碑が1940年に建てられている。

1940年は、「紀元2600年」が盛大に祝われた年で、日本各地には、それを記念して日本の国の創建にかかわる石碑が建てられた。神蹟黄泉比良坂伊賦夜坂伝説地の石碑も、その一つである。

私も一度、そこを訪れ、石碑を確認し、イザナギが黄泉比良坂を塞いだとされる岩も見ている。さほど大きな岩ではなく、その下に黄泉国があるようには思えなかったが、出雲にそれがあるとされている点は、出雲神話を考える上では重要なことかもしれない。

死んだイザナミが赴いた先が黄泉国であることは、日本書紀の一書第六にも出てくる。あるいは、黄泉比良坂については、古事記のオオクニヌシについて語られた箇所にも出てくる。日本書紀でも、第36代の孝徳《こうとく》天皇のところで黄泉に言及されている。

しかし、イザナミ以外、死んで黄泉国に赴いた神や人はいない。父であるイザナギによって殺されたカグツチについても、死後の行方は語られていない。それは、他の神や人についても言える。

となると、果たして黄泉国を死者が赴く国ととらえていいのかが問題になる。

神蹟黄泉比良坂伊賦夜坂伝説地の石碑

少なくとも、古事記・日本書紀の世界では、死後の行方については必ずしも明確にはされていないのである。

世界の宗教においては、死後の行方について、好ましい場所として天国や極楽、浄土などがあげられている。一方、罪深い行いをした人間が赴く地獄についてもその存在が想定されている。天国と地獄は、キリスト教にも、イスラム教にも、そして仏教にも存在している。

ところが、記紀神話の世界では、天国や極楽にあたる場所はまったく出てこない。黄泉国は穢いところとはされているものの、地獄のように、そこに落とされた人間が責め苛まれるようなところではない。

黄泉国に赴いたイザナミに蛆がわいていたということからすれば、それは土葬からイメージされたものであろう。黄泉国が、この世と地続きである点でも、地獄とは性格が異なる。

世界の宗教が天国と地獄を説くのは、信者が生きている間は、信仰にかなった生活を送り、社会的に正しい振る舞いをすることを求めるからである。それに従う者には、死後の安楽が保障され、逆に、従わない者には地獄に落とされると脅すわけである。記紀神話の世界では、そうした面が欠けているのである。

ユダヤ・キリスト教の創世神話では、最初の人間とされるアダムとエバは、神によって食べることを禁じられた善悪を知る木の実を食べてしまうことで、性を知ったとされている。それをもとに、キリスト教では「原罪」の教義が生み出され、それは、キリスト教の歴史において極めて重要な意味を持った。キリスト教会が、罪から解き放たれる「贖罪《しょくざい》」の権限を独占したからである。

それに対して、記紀神話では、日本の国土は、イザナギとイザナミの性交から生まれたとされる。したがって、性の営みが罪深い行為であるとはされていない。そこでも、日本人の宗教観は、キリスト教とは大きく異なるのである。

次には日本神話の最重要の神、アマテラスとスサノオについて見ていきたい。

第3章

アマテラスとスサノオ

アマテラスとスサノオの誕生

日本神話において主役と言える神は、アマテラスとスサノオ、そしてオオクニヌシである。オオクニヌシは古事記の出雲神話で活躍することになるので、次の章で扱うことにする。この章では、アマテラスとスサノオを中心に見ていく。

私たちは、アマテラスは女神であると考えているが、古事記でも日本書紀でもはっきりと女神だと書かれているわけではない。

そのため、平安時代以降、アマテラスは男神であるとする説が唱えられ、現在でもそれを支持する研究者がいる。

古事記では、アマテラスがスサノオのことを「我が那勢《なせ》」と呼ぶところが一箇所だけある。日本書紀でも、「吾《あ》が弟《なせのみこと》」とある。

古事記ではイザナミもイザナギを「我が那勢」と呼んでおり、那勢とは、女性から夫や弟など親しい男性を呼んだものと考えられる。

アマテラス

天岩戸神話の天照大御神（春斎年昌画、1887 年）

　この点からすれば、アマテラスはスサノオの姉ということになる。夫婦であることを示す記述はまったくない。ただ、アマテラスのふるまいを全体として見た場合、女神と断定できる箇所はほかに存在しない。だからこそ、アマテラスは男神だという説が唱えられるわけである。

　では、アマテラスとスサノオは、どのようにして誕生するのだろうか。

　イザナギが黄泉国から逃げていこうとする際に、黄泉比良坂をはさんでイザナミと問答をする場面がある。すでにそのとき、イザナギは石で坂を塞いでいた。

イザナミは、イザナギに対して、自分は葦原中国の人間を一日に千人絞め殺すと告げる。それに対して、イザナギの方は、自分は一日に千五百の産屋を建てると答える。古事記は、これによって一日に千人が亡くなり、千五百人が生まれるようになったと記している。

この問答を終え、生者の国に戻ってきたイザナギは、九州の日向の橘の小門《おど》の阿波岐原《あはきはら》というところで自らの身を浄め、次々と神々を生んでいく。生むといっても男神一人だけなので、神々はイザナギが投げ捨てた杖や袋、衣などから生まれたり、水に入って身を浄めたときに生み出されていく。

最後、イザナギが左目を洗ったときにアマテラスが、右目を洗ったときにツクヨミノミコト(月読命)が、さらに鼻を洗ったときにスサノオが生まれる。この様子を見て、イザナギは、「自分は次々と子どもを生み、ついには三柱の貴い子どもを得ることができた」と満足する。

イザナギは、最後に生まれた三人の子どもに対して、アマテラスには高天原を、ツクヨミには夜の食国《おすくに》を、スサノオには海原を支配するようにと命じる。

アマテラスは、その別名がオオヒルメノムチノカミ（大日孁貴神）であり、また、後に述べる天岩戸隠れのエピソードが日蝕《にっしょく》にもとづくものと考えられることから、太陽神としてとらえられている。世界の神話においてはどこでも、ギリシアのヘーリオスやアポローン、エジプトのラーやアメンのように太陽神が存在する。その点で、日本の神話の世界に太陽神が登場するのは自然なことである。

太陽と対比されるのが月で、月の神もギリシアのアルテミスに代表されるように世界各地で信仰の対象になっている。

ところが、ツクヨミについては、神話のなかでさほど重要な役割を果たしていない。そもそも古事記では、この場面にしか出てこない。日本書紀でも、一書第十一に、ウケモチノカミ（保食神）とのエピソードが語られているだけである。

アマテラスに命じられたツクヨミは、葦原中国にいるウケモチに会いに行く。するとウケモチはツクヨミをもてなすために口から食べ物を出す。ツクヨミは、それは無礼なふるまいだと怒り、ウケモチを打ち殺してしまうのである。

ただし、日本書紀でも、ツクヨミが登場するのはこの箇所だけである。ツクヨミを祀る神社としては、伊勢神宮内宮の別宮、月読宮や外宮の別宮、月夜見宮などがあるが、神話において格別重要な役割を果たしてはいないのだ。

それに比較して、最後に生まれ、父であるイザナギから海原を支配するように命じられたスサノオは、これ以降、大きな働きをすることになる。物語の主役となって活躍するのである。

まずスサノオは、命じられた海原を治めず、激しく泣き続ける。イザナギがその理由を問うと、スサノオは、「自分は母の国である根の堅州国に退こうと思い、だから泣いているのだ」と答える。死んだ母、イザナミが恋しいというわけだ。

そのために、スサノオは追放されてしまうが、自分の意志をアマテラスに伝えようと天にのぼっていく。そのありさまがあまりに激しいので、アマテラスは、スサノオが自分の国を奪おうという悪心を抱いていると考え、武装して待ち構える。その出で立ちがあまりにいかめしいものであったことが、アマテラス男神説の一つの根拠にもなっている。

天に登ってきたスサノオは、アマテラスに対してそれまでの経緯を語り、謀反を起こそうなどという気持ちはまったくないと言う。そこでアマテラスは、スサノオに対して悪心を抱いていない証拠を求め、そこでお互いに神々を生むうけい(宇気比)を行うことになる。このうけいは、日本書紀では「誓約」とあり、吉凶を占うものと考えられる。

アマテラスとスサノオは、天安河《あめのやすのかわ》を挟んで誓約を行う。まずアマテラスがスサノオの持っていた十拳剣を受け取り、それを噛み砕くと、噴き出した息の霧からタギリビメ(多紀理毘売命)、イチキシマヒメ(市寸島比売命)、タギツヒメ(多岐都比売命)が生まれる。この三柱の女神は「宗像三女神」と呼ばれ、福岡県宗像市の宗像大社の祭神となっている。

一方、スサノオはアマテラスから八尺の勾玉の五百箇のみすまるの珠を受け

スサノオ（牛頭天王と後に習合した）

『本朝英雄伝』より「牛頭天王 稲田姫」（歌川国輝 画）

とって、霧を噴き出すと、そこから、アメノオシホミミノミコト（天之忍穂耳命）をはじめとする五柱の男神が生まれる。

これを見たアマテラスはスサノオに対して、後に生まれた五柱の男神は自分の持ち物から生まれたので自分の子であり、最初に生まれた三柱の女神はスサノオの子であると告げる。

スサノオは、これで自分のこころが清く正しいことが証明されたとし、自分が勝ったと宣言する。そして、アマテラスの作った田の畔を壊し、溝を埋めてしまう。さらには、新穀を食べるための御殿に糞をまき散らす。

それでも、アマテラスは弟を可愛く思い、そうした乱暴狼藉は酒に酔ってのことだと善意に解釈しようとする。

ところが、これがスサノオを助長させることになり、神に献上する衣を女たちが織っている小屋に、皮を剥いでしまった馬を投げ入れる。これによって、織女は、機を織るために使う梭《ひ》で女陰を突かれ、それで亡くなってしまうのだった。

これが、アマテラスの岩戸隠れの話に結びついていくのだが、アマテラスとスサノオの誓約の場面については、述べておかなければならない重要な事柄がある。

儀礼として演じられていたかもしれない神話

それは、国文学者で民俗学者だった益田勝実が唱えた説で、誓約で生まれた宗像三女神のうち、タキリビメ（田心姫神）が祀られる宗像大社の沖津宮のある沖ノ島に関係する事柄である。

沖ノ島は、現在、「『神宿る島』宗像・沖ノ島と関連遺産群」として世界遺産に登録されている。島内には12個の巨岩があり、そこでは4世紀から10世紀にかけて大規模な祭祀が行われていた。祭祀に用いられた貴重な遺物は、そのまま放置されており、それらは一括して国宝に指定されている。

初期の時代の祭祀では、古墳に残されているような鏡、勾玉、鉄製武器などが用いられていたが、奈良時代に入ってからの祭祀では、朝鮮製の金銅製馬具類をはじめ、中国製の唐三彩、ササン朝ペルシアの切子《きりこ》ガラス碗《わん》など、海外からもたらされた豪華な遺物が用いられていた。

それらは、正倉院に納められていても不思議ではない貴重なものばかりである。祭祀に使われた後、放置されたということは、それが国家的な祭祀であった可能性を示唆している。しかし、沖ノ島での祭祀については、文献上の記録が一切残されておらず、いったい誰がどういった目的で行ったかは分かっていない。謎の祭祀なのである。

祭祀遺跡については、昔からその存在は知られていた。しかし、沖ノ島は「おいわずさま（不言様）」と呼ばれ、嵐などで島に流れ着き、島のなかの様子を覗き見た人間でも、そこで見たことは語ってはならないとされ、そのタブーは守られてきた。

ただ、戦後、宗像市に生まれた出光興産の創業者出光佐三が発起人となった宗像大社復興期成会の手によって島の発掘調査が行われ、祭祀遺跡の全貌が明らかにされた。この調査については、大部の調査報告書が作成されている。

益田は、この調査報告書をもとに、沖ノ島でいったい何が行われていたのかを明らかにしようとしているのだが、その結論は驚くべきものだった。

沖ノ島の12個の巨岩について、調査隊はA〜L号と名付けているのだが、そのうちD岩の陰にある7号遺跡では、6世紀後半に祭祀が行われていたとされる。その7号遺跡の遺物は、中央部と東西両部に三分割されるが、その遺物から、アマテラスとスサノオが誓約を行い、それで宗像三女神が生まれたときの光景が儀礼として演じられていた可能性が仮説として、益田によって説えられてきたのである。

たしかに、調査報告書に載せられた7号遺跡の遺物の配置を見ていくと、古事記で述べられたさまざまなものがそこに残されていることが分かる。

沖ノ島　祭祀遺跡

写真提供：国立歴史民俗博物館

もちろん、沖ノ島の祭祀についての文献史料が存在していない以上、益田の仮説が正しいのかどうか、それを検証することは不可能だ。けれども、この説が極めて魅力的なものであることは間違いない。

神話と儀礼は密接な関係を持っている。ときに、神話がシナリオになり、儀礼によってそれが演じられる。たとえば、身近なところでは、七夕のことがあげられる。七夕の背景には牽牛と織姫の物語があり、それは神話としてもとらえることができる。その神話にもとづいて、七夕の夜に七夕祭りが行われるわけである。

より重要なのは、世界の各民族に伝わる新年の祭りである。日本だと正月ということになるが、新年を迎えることで、古い年が終わり、新しい年がはじまるという考え方は、どこの民族にも共通して伝えられている。

たとえば、古代のローマ帝国では、ヤヌスという神が信仰されていた。この神は双頭で、正反対の二つの方向をむいている。そこから、門扉の神となり、もののはじまりと終わりを司ると考えられるようになった。ヤヌスの祭日である1月1日には、古い年が終わりを告げ、新しい年が訪れることになるのである。

ルーマニア生まれの宗教学者、ミルチャ・エリアーデは世界の神話を研究したことで知られるが、新年の儀礼において、世界のはじまりを物語る創世神話が演じられることを指摘している。

たとえば、古代バビロニアでは、女神であるティアマトと、英雄神のマルドゥクが壮絶な戦いをくり広げ、それに敗れたティアマトの身体から世界が創造されたとされる。新年の儀礼では、王がマルドゥクを演じ、羊で象徴されるティアマトを倒す。そうした神話にもとづく儀礼が新年に演じられたわけである（松本滋『父性的宗教　母性的宗教』東京大学出版会）。

アマテラスとスサノオによる誓約の場面が果たして創世神話と言えるかどうかは難しいところである。記紀における創世神話は、イザナギとイザナミによる国生みや神生みの方だからである。ただ、誓約の場面においても、全部で男女八柱の神々が生まれている。国土は創造されなかったが、神々は生み出された。

しかも、誓約で生まれた神々のなかには、重要な神が含まれている。もっとも重要なのはアメノオシホミミである。この神はタカミムスヒの娘であるタクハタチヂヒメノミコト（栲幡千千姫命）と結婚し、その間には、やがて天孫降臨を行うニニギが生まれている。ニニギは、神武天皇の曽祖父にあたる。

また、これは出雲神話とかかわるが、やはり誓約で生まれたアメノホヒノミコト（天之菩卑能命）は出雲大社の神職である出雲国造《こくそう》の祖神であるとされる。アマツヒコネノミコト（天津日子根命）もさまざまな豪族の祖神であるとされるし、宗像三女神もさまざまな神社で祀られている重要な神である。

　そのように見ていくと、誓約の場面が極めて重要なものであることが理解できる。その場面が、沖ノ島で演じられたのだとすれば、それは、新年に創世神話を演じることと性格がかなり近いものであったと見ることができる。だからこそ、高価な宝物がふんだんに供され、祭祀が終わるとそのまま放置されたのである。

　沖ノ島の８号遺跡でも、７号遺跡と同様の祭祀が行われた可能性がある。８号遺跡での祭祀は６世紀末と考えられる。

　古事記が編纂されたのは７１２年、８世紀のはじめである。ということは、沖ノ島での儀礼が神話に先行することになり、神話はシナリオの役割を果たしていないとも言える。

　だが、古事記を編纂するにあたっては、さまざまな伝承が参照されている。そのなかには、誓約の場面が語られていた可能性は十分に考えられる。それをもとに、沖ノ島での祭祀が営まれた。そのように見ることができるのだ。あるいは、古事記以前の伝承は、古事記のものとは異なっていて、より創世神話としての性格が強いものであったかもしれない。

益田の仮説が提唱されて以来、すでに45年の歳月が流れている。その間に、仮説が証明されるような発見があったわけではない。だが、逆に仮説を否定するような証拠も見出されてはいない。この仮説は、依然として底知れない魅力を放っているように思われる（仮説は益田勝実『秘儀の島：日本の神話的想像力』筑摩書房で語られている）。

もし、益田説を支持する証拠が提出されるようなことがあれば、誓約の神話の重要性がさらに高まることになるであろう。その点は興味が引かれるところだが、物語の先を読んでいくことにしよう。

天岩戸に隠れたアマテラスとスサノオの八俣の大蛇退治

スサノオのあまりの横暴ぶりに恐れをなしたアマテラスは、天の岩屋戸に籠もってしまう。それによって、高天原も葦原中国もことごとく暗い闇に包まれたというから、ここは、明らかに日蝕のときのことが背景になっている。それは、アマテラスが太陽神であることの証明にもなっている。

世界が闇に包まれたため、困った神々は相談をし、賑やかな祭りを行うことにする。その祭りのなかで、アメノウズメノミコト（天宇受売命）という女神がストリップまがいの踊りを披露したことはよく知られている。あまりに外が騒々しいので、アマテラスが天の岩屋戸を少しだけ開けると、力持ちのアメノタヂカラオノカミ（天手力男神）が、アマテラスの手を握って、力任せに外に連れ出す。これで、高天原も葦原中国も光を取り戻すことができたというのである。

古事記・日本書紀において、アマテラスにまつわる物語は、これ以上は語られない。天孫降臨の場面で、葦原中国を平定するために神々に命令を出すところには登場するが、命じたということが述べられているだけである。代々の天皇の物語のなかでは、その名に言及されるものの、直接姿を現すことはない。アマテラスは、平定されて以降の葦原中国とはそれほど深くはかかわらないのである。

一方、スサノオは、それ以降も活躍を見せることになるが、高天原で乱暴狼藉を働いたため、八百万の神々の協議の結果、追放されてしまう。その際には、財物を納め、髭を切り、手足の爪を抜かれてしまう。刑罰を下されたわけである。

そして、出雲国の斐伊川の上流にある鳥髪という地に降り立つ。すると箸が川上から流れてきた。そこでスサノオが川上にむかうと、老夫と老女がいて、娘を挟んで泣いていた。

スサノオが泣いている理由を問うと、娘の名はクシナダヒメだと判明する。高志というところからは毎年八俣の大蛇がやってきて、娘を一人食べてしまうのだが、今年はクシナダヒメに順番がまわってきたので泣いているという答えが返ってきた。

そこでスサノオは、ヒメと結婚することを条件に、八俣の大蛇を退治することを約束する。スサノオは、クシナダヒメをその名が示すように櫛に変え、頭に挿すと、強い酒を用意させ、それを八つの酒船に注がせる。

すると八俣の大蛇は、八つある頭がそれぞれの酒船から酒を飲み、酔いつぶれてしまう。すかさずスサノオは、帯びていた十拳剣で八俣の大蛇を切り刻んでしまう。そして、八俣の大蛇の尾を切ると、太刀が出てきたので、事情をアマテラスに告げ、それを献上した。それが、三種の神器の一つとなる草薙の大刀であった。

その後のスサノオは、新居を出雲国の須賀というところに求め、そこでクシナダヒメと新婚生活を送る。スサノオとクシナダヒメの間にはヤシマジヌミノカミ（八島士奴美神）が生まれる。スサノオは別の女神とも結婚し、その間にも子どもができるが、長男のヤシマジヌミも結婚し、子どもをもうける。そして、スサノオから6代後の子となったのがオオクニヌシであった。オオクニヌシは多くの別名を持っており、それはオオナムチノカミ（大穴牟遅神）、アシハラノシコオ（葦原色許男神）、ヤチホコノカミ（八千矛神）、ウツシクニタマノカミ（宇都志国玉神）というものだった。

一つの神にさまざまな名前があるということは、もとは別々の神で、それが一つに統合されたことを意味しているように思われる。オオクニヌシにまつわる逸話は、それぞれが別々の神々のものとして伝えられていたことだろう。

スサノオによる八俣の大蛇退治の話は、日本書紀の本文にも出てくるが、ヒメの名はクシナダヒメ（奇稲田姫）となっており、その間にオオナムチが生まれたとされる。これはオオクニヌシの別名であるわけで、古事記と日本書紀では、スサノオとオオクニヌシとの関係が異なっている。これだと、オオクニヌシはスサノオの子ということになる。

そして、スサノオはついに根国《ねのくに》に赴いたとされている。根国は、黄泉国と同じである可能性がある。黄泉国に赴くことは、スサノオの念願でもあった。

注目されるのは、一書第四に記されている事柄である。

そこでは、高天原から追放されたスサノオは、その子であるイタケルノカミ（五十猛神）を率いて、新羅国に天降り、曽尸茂梨《そしもり》というところに居所を設けたとされている。ただ、スサノオは、そこには居たくないと言い出し、船を作って東にむかい、出雲国の簸《ひ》の川上に至ったとされる。

このエピソードは、スサノオが朝鮮半島からの渡来神であった可能性を示している。日本の神々のなかには、最初渡来人が祀っていたものも存在する。その代表が八幡神ということになるが、ほかにも京都の平野神社の祭神である今木（来）神も、平安京を開いた桓武《かんむ》天皇の母、高野新笠の祖神とされる。高野新笠の父は渡来系である。

祭神として祀られたアマテラスとスサノオ

スサノオは、現在、さまざまな神社で祀られているが、そのなかでもっとも重要なものが京都の八坂神社である。八坂神社は、近代に入るまで祇園社と称しており、現在でも、八坂神社の御朱印には、八坂神社と記したものはなく、祇園社と書かれている。

八坂神社が祇園社であった時代、祭神は牛頭天王《ごずてんのう》とされていた。その段階で、すでに牛頭天王はスサノオと習合していたが、スサノオがいったん天降ったとされる新羅のソシモリは、古代韓国語ではソシが牛、モリが頭を意味したともされる。つまり、ソシモリとは牛頭のことだというのである。

八坂神社で配られる護符の一つに、「蘇民将来之子孫也《そみんしょうらい》」という疫病除けがある。それは、蘇民将来の伝説にもとづくものだが、そこには、やはりスサノオと習合したムトウシン（武塔神）も登場する。

ムトウシンは、もともと北海の神だったが、嫁を探すために南海を訪れた。ムトウシンはその旅の途中将来という兄弟に宿を求めるのだが、金持ちの弟、巨旦《こたん》将来には断られる。ところが、貧しい兄の蘇民将来は快く宿を提供してくれたので、数年後に再訪したおり、ムトウシンは蘇民将来に、「私はスサノオだ。これから疫病が流行したときには、蘇民将来の子孫だと言い、茅の輪を腰に着けていれば、それを免れることができる」と告げた。これが、蘇民将来の護符の由来である。

江戸時代には、アマテラスが祀られた伊勢神宮を参詣する伊勢参りが盛んになり、多くの庶民が伊勢を訪れた。その点で、アマテラスも庶民的な性格を持っているとも言えるが、皇祖神とされたことで、庶民信仰のなかには十分には位置づけられなかった。

それに対して、スサノオの場合には、さまざまな神とも習合し、厄病除けの護符を生むことにもなった。スサノオが祀られる八坂神社では、「蘇民将来之子孫也」の護符が授与されている。それは全国の八坂神社、祇園社に及んでいる。

神話に登場する神々が、神社に祭神として祀られることは少なくない。アマテラスの場合には、伊勢神宮内宮だけではなく、神明社や神明宮、皇大神社などに祀られている。スサノオの場合には、八坂神社の他、須賀神社、津島神社、そして氷川神社に祀られている。

神社本庁が平成2（1990）年から同7（1995）年にかけて行った「全国神社祭祀祭礼総合調査」によれば、神社本庁傘下の神社のなかで、八幡神を祀る神社が最も多く7817社で、第2位が4425社のアマテラスを祀る神明社などであった。スサノオを祀る祇園信仰の神社は2299社で7位だったが、そこには氷川神社は含まれていない。氷川神社を加えれば、順位はもっと上がるものと考えられる。

アマテラスとスサノオは、古事記や日本書紀において大きな働きをしただけではなく、神社に祭神として祀られることで、日本人の宗教生活において重要な役割を果たしている。その点で、神話は現代に生きているとも言えるのである。
次には、古事記でしか語られていない出雲についての神話を見ていきたい。

第4章

古事記にしかない出雲神話

古事記の半数近くは出雲が舞台の物語

スサノオは最後、根国に退くことになったわけだが、それで神話の物語から消えてしまうわけではない。物語の主人公はオオクニヌシに代わるものの、そこにスサノオもかかわってくる。スサノオの役割が変わったのだと言ってもいいだろう。

しかし、これは第1章でふれたように、三浦佑之が強調していることでもあるが、その後の物語の展開は、古事記と日本書紀とではまったく異なっている。古事記では、出雲を舞台にした「出雲神話」や「出雲制圧神話」が語られることになるのだが、日本書紀にはそれが欠けている。一部は日本書紀の一書に記載されているものの、古事記にはあっても日本書紀にはない物語が、古事記の25パーセントを占めている。そもそも古事記の43パーセントは出雲を舞台にした物語なのである。

三浦の『出雲神話論』は、2019年に刊行されているが、この本は660頁を超える大著である。したがって、日本神話に関心を持つ人間にはさまざまな示唆を与えてくれるのだが、三浦はそのはじめの部分で、「日本書紀には異伝として載せられた一書のうちのごく一部を除き、出雲神話は存在しないのだということだけは確認しておく。そして、一方の古事記では、日本書紀には出てこない出雲の神がみの物語や系譜が多彩に語られ、それが神話の中核をなしている」と述べている（23頁）。

一般に、古事記と日本書紀は一括して記紀神話とされており、そこで語られる神話は共通しているかのように思われているが、実際には大きな違いが存在している。三浦は、その点に注意するよう促しているわけである。

では、古事記における出雲神話、そして出雲制圧神話はどのような物語になっているのだろうか。

古事記で描かれたオオクニヌシ

古事記では、前の章でふれたように、オオクニヌシは、スサノオの6世の孫とされている。そして、オオクニヌシには母を異にする80人の兄弟、ヤソガミ（八十神）がいた。ヤソガミはみな稲羽のヤカミヒメ（八上比売）と結婚することを望んでいた。

そのためにヤソガミは稲羽にむかうが、その際、オオクニヌシには袋を負わせ、従者として連れていく。オオクニヌシはやがて、もともとはヒンドゥー教の神であった大黒天と習合することになるが、大きな袋をかついだ姿で描かれるのは、このためである。

一行は、現在の鳥取市の西にある気多の岬にやってきたとき、赤裸の白兎が伏せっているのに行き当たる。ヤソガミたちは、白兎に対して、海の水を浴び、風にあたって、高い山の上で伏せていればいいと教える。

白兎がその通りにすると、痛くて仕方がない。そこで泣いていると、オオクニヌシが通りかかる（ここでは、オオクニヌシではなく、オオナムチと呼ばれる。これは、稲羽の白兎の物語が、本来、オオクニヌシの物語ではなく、オオナムチにまつわる物語として伝えられてきた可能性を示唆している）。

オオクニヌシは、白兎になぜ赤裸になってしまったのかと聞く。白兎は、隠岐の島にいたとき、そこからここまで渡ろうとして、海の鮫を騙したという話を語る。白兎は、自分の一族と鮫の一族のどちらが多いかを数えるので、鮫に島から気多の岬まで並んでくれと頼んだのだが、その上を渡り終わろうとしていた際に、調子に乗って騙したことを告白してしまったため、鮫に皮をすっかり剥がされてしまったのである。

これを聞いたオオクニヌシは、白兎に、真水でからだを洗い、蒲の花の花粉をまき散らして、その上をころげまわれば治るとアドバイスする。それで、白兎のからだは元どおりになるが、白兎は別れ際に、ヤソガミは比売とは結婚できず、オオクニヌシがヒメを得ることになると告げる。

白兎の予言は適中する。ヤカミヒメはヤソガミとは結婚せず、オオクニヌシと結婚すると答えたからである。だが、オオクニヌシはヤカミヒメとすぐに結婚したわけではない。それは、オオクニヌシの前に数々の試練が待ち受けていたからである。

そのすべてについて詳しく述べることはしないが、最初の試練は次のようなものだった。

ヤソガミは、ヤカミヒメに結婚を拒まれたので、それを恨みに思い、オオクニヌシを騙す。山に行って、自分たちは赤い猪を追い下ろすから、それを待ち受け、捕らえろと命じたのだ。最後にヤソガミは、捕らえることに失敗したら「必ず汝を殺さむ」と言い添えたのだから、そこからして物騒である。事実、ヤソガミは猪に似た大きな石を焼いて、それを転がして落としたので、オオクニヌシは焼き殺されてしまう。

それを救ったのが、オオクニヌシの母神であったサシクニワカヒメ（刺国若比売）で、彼女は高天原に登り、カミムスヒに息子の命を助けてくれるように頼み込む。カミムスヒはそれに答えて、赤貝と蛤の神を遣わし、オオクニヌシの命を救う。

これを知って、ヤソガミはふたたびオオクニヌシを騙し、山中で殺してしまうが、ここでも母神によって命を救われる。

オオクニヌシは試練に遭遇しているわけだが、自らの力でそれを克服したわけではなかった。それでは英雄になることはできない。英雄は自らの力で試練を克服しなければならないからである。

世界の神話には、「文化英雄」というものが登場する。火をもたらした存在については第2章でもふれたが、そうした存在が文化英雄である。中米で信仰されるケツァルコアトルも、蛇神ではあるが、多くのものを人類にもたらしたとされ、文化英雄の性格を持っている。こうした文化英雄は、何かをもたらす際に試練を克服しなければならない。

オオクニヌシに対する本当の試練はその後に訪れる。母神は、このままこの国にいては、またヤソガミに殺されてしまうので、スサノオのいる根の堅州国に行くようにと告げる。

オオクニヌシは、それに従い、スサノオのところに赴くが、そこで、娘のスセリヒメと出会い、一目惚れをして、結婚の約束を交わす。スセリヒメは、スサノオに対して、「みめうるわしい神が来ました」と告げる。スサノオは、オオクニヌシの姿を見て、「これはアシハラノシコオと言うのだ」とスセリヒメに告げる。

ここでも、オオクニヌシはまた異なる名で呼ばれたわけで、それに続く話はもともとはオオクニヌシとは別の神、アシハラノシコオについての物語であった可能性が考えられる。

オオクニヌシは、今度もスサノオから試練を与えられることになるのだが、ここでも、試練を克服する上で助けとなる人物が登場する。

最初は妻となるスセリヒメで、スサノオがオオクニヌシを蛇の住んでいる部屋に泊めると、スセリヒメはオオクニヌシに蛇を自由にする呪力を発揮する布を与える。それで蛇はおとなしくなるが、翌日にも同じことがくり返される。今度は、呉公《むかで》と蜂の住む部屋に入れられてしまうのだが、やはりスセリヒメから呪力をもつ布を授けられ、オオクニヌシは救われる。

さらにスサノオは、オオクニヌシに対して野原に鏑矢《かぶらや》を射込んで、それをとってくるように命じる。オオクニヌシが野原に入ると、スサノオは火を放った。しかし、そこに鼠が現れて、土の下に隠れるところがあるので、そこに入れば、火をやり過ごすことができると忠告してくれる。

スセリヒメは、夫は死んだと思ってしまうが、スサノオがオオクニヌシの死を確認しようと野原に行くと、オオクニヌシは矢をもって現れた。オオクニヌシは、妻と鼠に助けられたわけで、ここでも自力で試練を克服したとは言えないかもしれないが、善なる存在に助力者が現れるのも神話にはよく見られるパターンである。

その後、オオクニヌシは、やはり妻に助けられ、スサノオの頭にいた呉公を噛んで吐き捨てているように思わせ、好意を抱かせることに成功する。

スサノオは、それで安心して寝てしまうが、オオクニヌシは、スサノオの髪を垂木にくくりつけ、大岩で室をふさいでしまう。そして、スサノオが大切にしていた弓矢や託宣に用いる琴を奪って、妻とともに逃げ出してしまうのだった。ここは自力で試練を克服している。

ところが、琴が樹にふれて大きな音を立てたので、スサノオは起きてしまう。スサノオは二人を追いかけようとするが、垂木に髪がくくりつけられているため、室ごと引き倒さなければならなかった。そのために、とても二人には追いつけなかった。

スサノオは、ようやく黄泉比良坂にまで至るが、二人ははるか遠くに行ってしまっている。そこでスサノオは、二人のこれからを祝福するようなことばを投げかける。

芥川龍之介も描いた古事記の物語

小説家の芥川龍之介には、この古事記の物語に取材した「老いたる素戔嗚尊」という作品があるが、この場面は、次のように描かれている。

彼は肩を聳《そび》やかせた後、無造作に弓矢を抛り出した。それから、—さも堪へ兼ねたやうに、瀑《たき》よりも大きい笑ひ声を放つた。

「おれはお前たちを祝《ことほ》ぐぞ！」

素戔嗚は高い切り岸の上から、遙かに二人をさし招いだ。

「おれよりももつと手力《たぢから》を養へ。おれよりももつと智慧《ちゑ》を磨け。おれよりももつと、……」

素戔嗚はちよいとためらつた後、底力のある声に祝ぎ続けた。

「おれよりももつと仕合せになれ！」

彼の言葉は風と共に、海原の上へ響き渡つた。この時わが素戔嗚は、大日孁貴《おほひるめむち》と争つた時より、高天原の国を逐はれた時より、高志《こし》の大蛇《をろち》を斬つた時より、ずつと天上の神々に近い、悠々たる威厳に充ち満ちてゐた。

古事記のスサノオは、オオクニヌシに対して、持ち去った弓矢でヤソガミたちを追い払い、ウツシクニタマノカミと名乗って、スセリヒメを妻とし、宇迦山の山裾に高天原に届くほどの立派な宮殿を建て、そこに住めと申し渡している。スサノオの最後のことばは、「この奴」というものだった。芥川は、この一言から想像をふくらませ、「老いたる素戔嗚尊」を書き上げたわけである。

オオクニヌシは、スサノオに命じられたとおりに、弓矢で兄弟を成敗し、「始めて国をつく」る仕事をするが、その後に、ヤカミヒメとようやく結ばれる話が出てくる。しかし、正妻となったスセリヒメが恐ろしかったので、ヤカミヒメは生まれた子どもを木の股に挟んで、自分は稲羽に戻ってしまったという。

その後、オオクニヌシの妻たちとのかかわりについて語られるようになるが、筋として一貫しているようには見えない。さまざまな伝承がこの箇所にまとめて挿入されているという印象を受ける。

まずオオクニヌシの名はヤチホコノカミと変わり、高志国のヌナカワヒメ（沼河比売）を娶《めと》ったときに呼び交わした歌が紹介される。恋歌である。

次には、そうした夫の女性関係に嫉妬したスセリヒメの歌が紹介される。夫を恋しく思う妻の歌である。

さらに、オオクニヌシが、他のヒメたちを娶って生んだ神々が列挙される。それにオオクニヌシによる国作りの話が語られるのは、その後のことである。それに先立って、オオクニヌシは島根県八束郡にある美保の岬にいた。すると、海の彼方から船に乗って神が現れた。名を尋ねたものの答えは返ってこなかった。その神に付き従ってきた神々も「知らない」と言う。

すると、ひきがえるが現れ、案山子《かかし》なら必ず名前を知っていると言い出す。そこで案山子に尋ねると、「これはカミムスヒの子であるスクナビコナだ」という答えが返ってきた。

そこで、オオクニヌシは、そのことをカミムスヒに伝えると、カミムスヒからは、たしかに自分の実の子で、指の股から漏れ出した子だという返事が返ってきた。カミムスヒはスクナビコナに、オオクニヌシと兄弟になって国を作り堅めるよう命じる。

それによって、オオクニヌシとスクナビコナは一緒に国を作り堅める作業を行う。ところが、その作業の途中でスクナビコナは常世国《とこよのくに》に去ってしまう。

オオクニヌシは、困ってしまい、一人ではこの国を作ることはできない、どの神と一緒に作ったらいいものかと嘆く。すると、海を照らしながら来る神があった。その神は、自分を祀ったならば、一緒に国を作ろうと言うのだった。オオクニヌシが、ではどこに祀ればいいかと尋ねると、倭の周囲をめぐっている山々の東の山の上に祀れという答えが返ってきた。つまり、三輪山の大神神社に祀られる神だというわけである。

この話の後、スサノオの子であるオオトシノカミ（大年神）の末裔となる神々について述べられていくが、オオクニヌシによる国作りの話とは直接には関係しない。

因幡の白兎の話から、ここまでの部分が日本書紀では語られていないわけだが、オオクニヌシの国作りと三輪山の神については、一書第六で語られている。話の内容は、一書第六の方が古事記よりも詳しい。

そこでは、まずオオクニヌシの別名についてふれられた後、スクナビコナとの国作りのことが語られるが、その際に、「天下を経営《つく》る（漢文の原文では「経営天下」）」と述べられている。これで、作るということが、国を運営し、治めることを意味していることが分かる。

さらにその国作りは、医療の方法や呪いの方法を定めることにまで発展する。これは、スクナビコナが医薬の神として祀られるようになることと関係する。なお、「薬の街」として知られている大阪の道修町には、少彦名神社が鎮座している。

そこでオオクニヌシが、自分たちは立派に国作りをしたと自慢すると、スクナビコナは、出来たところもあるが、まだ出来ていないところもあると答える。そして、スクナビコナは出雲国意宇郡にある熊野の山の突出したところまで行き、常世国に去ってしまう。そこでは、スクナビコナが鳥取県米子市にある淡島から、粟莖《あわから》に登って弾かれ、それで常世国に至ったという別の言い伝えも紹介されている。

国のなかで支配の行き届いていないところについては、オオクニヌシが一人で治めたとされ、出雲国にたどり着いたとき、自分は荒れ果てていた葦原中国をすべて押さえ込み、支配に服しない者はいなくなったと言うのだが、これから国をおさめることに協力してくれる者はいないものかとそれを願う。

すると、海を神々しい光が照らし、そこから浮かび上がってくる者があった。その者は、自分がいたからこそ、国がおさまったと言い出す。

そこで、オオクニヌシが誰だと問うと、「自分はあなたの幸魂奇魂《さきみたまくしみたま》だ」という答えが返ってきた。これは、現れた相手がオオクニヌシの分身であることを意味する。

その分身は、自分は倭の三輪山に住みたいと言い、ここでも、大神神社の祭神の縁起が語られた形になっている。そして、三輪山の神の神婚を語る「三輪山伝説」に通じる話が語られる。三輪山伝説は、古事記と日本書紀の崇神《すじん》天皇の条で語られるものである。

そして、オオクニヌシが国作りをはじめたときの話に戻り、スクナビコナが掌におさまるほどの小男であることが明らかにされる。しかも、古事記とは異なり、スクナビコナがカミムスヒではなく、タカミムスヒの子であるとされている。

日本書紀は、全体が30巻に分かれ、神話については「神代」という形で第1巻と第2巻で語られているが、この部分は、第1巻の最後におかれている。ここで一つの区切りがついていることになる。

この後、古事記でも日本書紀でも、オオクニヌシによる国譲りとニニギの天孫降臨の話が語られていくことになる。なぜ古事記には出雲神話、ならびに出雲制圧神話があって、日本書紀にないのか、その理由については、国譲りと天孫降臨について述べた後に考えることにするので、ここでは、出雲神話の舞台となる出雲について述べておくことにする。

古代に高度な文明が栄えていた出雲

2020年1月から3月にかけて、東京国立博物館において、日本書紀成立1300年ということで、「出雲と大和」という特別展が開かれた。

その図録の冒頭にある主催者の「ごあいさつ」は、次のようにつづられていた。

令和二年（二〇二〇）は、わが国最古の正史『日本書紀』が編纂された養老四年（七二〇）から一三〇〇年という記念すべき年です。その冒頭に記された国譲り神話によると、出雲大社に鎮座するオオクニヌシ（オオナムチ）は「幽《ゆう》」、すなわち人間の能力を超えた世界、いわば神々や祭祀の世界を司るとされています。一方で、大和の地において天皇は「顕《けん》」、すなわち目に見える現実世界、政治の世界を司るとされています。

大和が古代において政治の中心にあったことは事実で、都もおおむね大和に築かれていた。その大和に対比される地域として、出雲以外の地域をあげることは難しい。それも、出雲が神話の舞台となっているからである。

その点で、出雲は昔から重要視されていたものの、古代の出雲がいったいどういう世界であったのかについては必ずしも明らかになってはいなかった。出雲大

出雲大社

本殿　写真提供：出雲大社

拝殿　写真提供：出雲大社

社の存在だけが、出雲に古代文明が栄えた証拠と見なされてきたとさえ言える。

ところが、ごく最近になって、それを証明する発掘が相次いだ。1983年の荒神谷遺跡と1996年の加茂岩倉遺跡の発見である。いずれも農道の建設工事が発見のきっかけになっていた。

しかも、荒神谷遺跡では銅剣358本、銅鐸6口、銅矛16本が発見された。一箇所から発見された銅剣の数としてはもっとも多い。

一方で、加茂岩倉遺跡からは39口の銅鐸が発見された。これも銅鐸としてはもっとも多い。

この二つの遺跡はわずか3キロメートルしか離れていない。発掘された銅製品は、一括して国宝に指定されており、出雲大社の近くにある島根県立古代出雲歴史博物館で展示されている。「出雲と大和」展にも、その一部が出品された。この二つの遺跡が農道の工事中に偶然発見されたということは、この地域にはもっと多くの遺跡が眠っている可能性を示唆している。

さらに、これは古代の遺跡というわけではないが、2010年に、出雲大社境内の地下から、本殿の遺構となる柱材が発見された。

出雲大社の本殿は24メートルの高さを誇り、現在でも神社の社殿としてはもっとも大きなものだが、古代には48メートルの高さがあったという言い伝えがある。

そのことが実証されたとは必ずしも言えないが、出雲国造の千家家《せんげ》には、「金輪御造営差図《かなわごぞうえいさしず》」というものが伝えられており、そこには巨木3本を一つに束ねて一組にした柱9本で本殿を支えていたことが記されている。発見された柱材は、その通りの形状をしており、金輪御造営差図が事実にもとづくものであることが立証された。発見された柱材は、鎌倉時代の本殿のものと考えられる。

千家家は、分家である北島家とともに出雲国造と呼ばれ、出雲大社の祭祀を司るとともに、長い間、少なくとも明治時代になるまで生き神としての扱いを受けていた。さらに、古代における出雲国造は、出雲国の政治的な支配者でもあった。

荒神谷遺跡

加茂岩倉遺跡

こうした近年の発見と発掘によって、出雲地方において、古代にかなり高度な文明が栄えていたことが証明される形になり、その重要性は高まった。だからこそ、「出雲と大和」展が開催されたわけである。もし、一連の考古学上の発見がなかったとすれば、そうした展覧会を開催することには至らなかったのではないだろうか。

国造は、大和政権の地方官であり、それぞれの地域において有力な豪族が任じられることが多かった。そして、国造は「くにのみやつこ」と呼ばれていた（篠川賢『国造―大和政権と地方豪族』中公新書）。

したがって、国造があったのは出雲だけではないのだが、国造の制度が廃止された後も残ったのは、出雲や紀伊など一部の地域に限られた。平安時代以降に残った国造は、それぞれの地域を支配する役割からは退き、神社の祭祀を司る神職として受け継がれることとなった。

出雲国造は、「いずものくにのみやつこ」と呼ばれるべきかもしれないが、地元では「いずもこくそう」とも呼ばれてきた。そして、古代から近代に入るまで杵築《きづき》大社と呼ばれていた出雲大社の祭祀を司ってきた。

その出雲国造の役割として重要なものに、「神賀詞《かむよごと》」の奏上ということがあった。これは、出雲国造が新任されるたびに行われたものである。

国造に任命する儀式は都の太政官曹司《ぞうし》庁で営まれる。新しい国造は、「負幸物《おいさちのもの》」と呼ばれる刀や絹などを天皇から賜り帰国するが、一年間潔斎をした後、国司に率いられてふたたび上京し、献上品を奉ってから、吉日を選んで神賀詞を奏上する。これはもう一度くり返されることになる。

これについて、前掲『国造』の篠川は、「出雲国造による『神賀詞』奏上儀礼は、出雲国造が一国造として、そして同時に全国の国造を代表ないしは象徴する存在として、天皇に対する服属を示した儀礼と考えられるのである」と指摘している。

この神賀詞奏上については、古代における重要な儀式、祭祀の次第を記した

「貞観儀式」や「延喜式」に述べられており、それが実際に行われたことは、正史に記されている。正史とは「続日本紀」、「日本後紀《こうき》」、「続日本後紀」で、そこでは、716（霊亀2）年から833（天長10）年まで、15回記録されている。

他の地域の国造が、こうした服属儀礼を行ったという記録は存在していない。そこにも出雲地方の、そして、出雲国造の特殊性、あるいは重要性が示されていると見ることができるのである。

ではなぜ出雲神話が日本書紀でほとんど語られていないのかということになるが、これについては次に見る天孫降臨と関係させて考えなければならないだろう。

第5章

国譲りと天孫降臨の神話

オオクニヌシの国譲り

古事記では、オオトシノカミの末裔となる神々について述べられた後、次のように語られている。

天照大御神の命もちて「豊葦原の千秋長五百秋《ちあきのながいほあき》の水穂国は、我が御子、正勝吾勝勝速日天忍穂耳命の知らす国ぞ。」と言《こと》よさしたまひて、天降したまひき。

アマテラスは、オオクニヌシが国作りを行ってきた水穂国は、自分の子であるアメノオシホミミが治めるべきところであると宣言し、アメノオシホミミをその国に天降りさせたというのである。

ところが、アメノオシホミミは、天の浮橋に立つと、「水穂国はいたく騒《さや》ぎてありなり」と言い出す。たしかに、オオクニヌシによる国作りは完成したとはされていなかった。途中まで終わったところで、スクナビコナは常世国に去ってしまい、大神神社の祭神が現れたとされただけだった。

そこで、タカミムスヒとアマテラスは、天の安の河の河原に八百万の神々を集め、相談をする。誰を遣わせばいいのかを議論したのである。

すると、タカミムスヒの子であるオモイカネノカミ（思金神）が、アマテラスとスサノオの誓約の場面でアマテラスの珠から生まれたアメノホヒ（天菩比神）がいいと言い出す。そこでアメノホヒが遣わされるが、オオクニヌシに媚びへつらい、3年経っても戻ってこなかった。

そこで、タカミムスヒとアマテラスはふたたび神々と相談し、今度はアメノワカヒコ（天若日子）を遣わすことになる。この神は、ここではじめて登場する。

天降ったアメノワカヒコは、オオクニヌシの娘、シタテルヒメ（下照比売）と結婚し、その国を得ようとするが、8年経っても戻ってこなかった。そこで雉《きじ》の鳴女《なきめ》が様子を確かめるために遣わされることになるが、アメノワカヒコは、この雉の鳴く声が悪いと巫女に言われ、もってきた弓矢で雉を射殺してしまう。

その矢は天に届き、タカミムスヒは、アメノワカヒコが邪《よこしま》なこころを抱いているかどうかを確かめるために、矢を射返す。すると矢はアメノワカヒコの胸に当たり、アメノワカヒコは亡くなってしまう。その後には、妻とアメノワカヒコの両親がアメノワカヒコの死を嘆く物語が語られる。

二柱の神の天降りがいずれも失敗したので、今度はタケミカヅチノオノカミ（建御雷之男神）とアメノトリフネノカミ（天鳥船神）が遣わされることになる。

この二柱の神は出雲国伊那佐の浜に降り立ち、オオクニヌシに対してアマテラスの意志を伝える。するとオオクニヌシは、自分では答えられないので、子のヤエコトシロヌシノカミ（八重言代主神）に言ってくれと答える。そこでタケミカヅチはアメノトリフネを遣わし、ヤエコトシロヌシを呼び出して尋ねると、この国はアマテラスの子に任せようと答え、そのまま隠れてしまった。

このことをオオクニヌシに伝えると、もう一人自分にはタケミナカタノカミ

（建御名方神）という子がいると言い出す。すると、その神がやってきて、タケミカヅチと力くらべをしたいと申し出る。そこで、タケミカヅチはタケミナカタと力くらべをすることになるが、それに勝ってしまう。するとタケミナカタは逃げ出し、科野国《しなののくに》の州羽《すわ》の海（長野県の諏訪湖）に行ってしまったので、タケミカヅチが追いかけて殺そうとすると、タケミナカタは、自分はここからほかのところへ出ることはないので、葦原中国は天つ神の御子に献上すると降伏宣言をする。

そのことをオオクニヌシに伝えると、オオクニヌシは子どもたちがそう言うなら国を献上すると答える。ただ、そうするにあたっては、高天原に届くほど立派な宮殿を建ててくれと要求する。そうしてくれたのなら、自分は根国に身を隠そうというのだ。その上でオオクニヌシは、自分の子である神々も必ず天つ神の御子に仕えると約束する。

要望のとおりに出雲国の多芸志《たぎし》の御浜《おばま》に宮殿が建てられることになり、祭祀も行われるようになるが、その場面で燧臼《ひきりうす》と燧杵《ひきりぎね》が登場する。これは火を起こすための板と棒のことなのだが、出雲国造の代替わりの際に行われる火継式《ひつぎしき》において用いられるものである。国造になった人間は、その任にある間、この火を国造館の御火所《おひどころ》で灯し続け、それで自分の食事を調理する。明治以降は、祭祀を行うときだけ調理をすることになったが、それ以前は、国造である間はそれを続けることになっていた。

これによって、オオクニヌシは自ら作った国を、高天原から天降った天津神《あまつかみ》に献上することになる。これは、「国譲り」と呼ばれることが多いが、古事記には、そうした語句は出てこない。

前の章でふれた三浦佑之は、その点について、「どうやら、国譲り神話という呼称は、天皇の譲位をあらわす『国ゆづり』という、穏やかなイメージをもつ語を借りて、オオクニヌシから天つ神への地上支配の移行が平穏に果たされたということを強調し称揚したかったのではないかと推測することができる」（前掲

『出雲神話論』45～46頁）と述べ、国譲りということばが用いられるようになるのは近代に入って、大正時代末からのことであったことを指摘している。

しかし、高天原から葦原中国に神々が派遣されたなかで、争いが起こったのは、タケミカヅチとタケミナカタとの力くらべのときだけである。オオクニヌシも積極的な形では抵抗していない。どちらかと言えば、オオクニヌシが作った国、治めた国はあっけなく天津神に献上されている。移行を平穏なものとして示しているのは、古事記自体であるということにもなる。

日本書紀の本文になると、タケミナカタはいっさい登場しないので、タケミカヅチとの力くらべの話も出てこない。国譲りの際に、対立や抗争はほとんど起こったとはされていない。一書第二で、服従しなかった者が切り殺されたとされているだけである。国譲りが平穏に行われたという印象は、日本書紀の方がより強い。

ここで一つ注目されるのが、タケミカヅチとともに派遣された神である。古事記ではアメノトリフネとされているわけだが、日本書紀の本文や一書第一・第二ではフツヌシノカミ（経津主神）とされている。

タケミカヅチは、「武甕槌大神」として茨城県鹿嶋市の鹿島神宮の祭神となっている。一方、フツヌシは「経津主大神」として千葉県香取市の香取神宮の祭神となっている。

両神宮は、利根川をはさんで建っており、「鹿島香取」と呼ばれることが多い。しかも、この二柱の神は、奈良の春日大社の祭神である春日神を構成している。さらに、フツヌシの方は、出雲大社の本殿のなかで「牛飼神」として祀られている。

なぜタケミカヅチとフツヌシが春日神のなかに含まれているか、その理由は分かっていない。春日大社は、かつて摂関家として権勢を振るった藤原氏の氏神であり、藤原氏の前身である中臣氏は鹿島・香取両神宮と縁が深いともされるが、それについてははっきりとした証拠があるわけではない。

譲られた国を治めたニニギ

こうして葦原中国は天津神に献上されることとなったわけだが、そこでアマテラスとタカギノカミは、アマテラスの子であるアメノオシホミミに対して、葦原中国が平定されたので、天降り、その国を治めるように命じる。

ところが、アメノオシホミミは、自分が天降りの準備をしている間にニニギという子どもが生まれたので、子どもの方を天降りさせるべきだと言い出す。そこで、ニニギが葦原中国を支配するために遣わされることになる。その際に、真床《まどこ》追衾《おふすま》に包まれていたとされる。

天皇の代替わりの儀式である大嘗祭では、祭場となる大嘗宮のなかに衾が敷かれている。国文学者・民俗学者の折口信夫は、その衾が真床追衾であるという説を立てた。

その後、古事記ではサルタヒコ（猿田毘古）とアメノウズメ、コノハナノサクヤヒメ（木花之佐久夜毘売）とイワナガヒメ（石長比売）についてのエピソードが語られるが、これは日本書紀の本文には出てこない。ただし、一書第一・第二で語られている。

ニニギは天降りする際に、アマノコヤネノミコト（天児屋命）、フトダマノミコト（布刀玉命）、アメノウズメ、イシコリドメノミコト（伊斯許理度売命）、タマオヤノミコト（玉祖命）を伴っていくが、さらに、珠に鏡、そして草剣を携えていた。これが皇室に伝わる「三種の神器」ということになる。

そして、ニニギは「竺紫《つくし》の日向《ひむか》の高千穂のくじふる嶺」に天降る。ここは、鹿児島県の霧島山ともされるし、宮崎県の高千穂ともされる。

日向のことは、イザナギとイザナミの話のなかにすでに登場している。しかし、国譲りの舞台になったのは出雲であり、日向ではない。日向から初代の天皇、神武天皇による東征が行われることになるわけだが、神話の舞台がなぜ出雲から日向に移ったのか、その理由は明らかではない。

ただ、天降ったニニギは、日向は「韓国《からくに》（朝鮮半島と考えられる）」に向かい、笠沙《かさ》の岬（薩摩半島の西端にある野間岬）を正面に見て、朝日がまっすぐに差し込み、夕日が照り輝くよいところだと、その理由を明かしている。ニニギはそこに宮殿を建てる。

サルタヒコとアメノウズメのエピソードは、ニニギとはそれほど深くは関係しないが、コノハナノサクヤヒメとイワナガヒメの姉妹はニニギの結婚相手になる。ただし、笠沙の岬で出会ったときに、ニニギは美しいコノハナノサクヤヒメに一目惚れをし、結婚しようとするものの、コノハナノサクヤヒメの父であるオオヤマツミノカミ（大山津見神）は、姉であるイワナガヒメとも結婚させようとする。

ところが、イワナガヒメが醜かったので、ニニギはイワナガヒメを返してしまう。するとオオヤマツミは、イワナガヒメを遣わしたのは、ニニギの命が石のように永遠なものになることを願ってのことだと告げる。にもかかわらず返されてしまったため、代々の天皇の寿命は短いものになってしまったというのだ。

明治維新の立役者の一人となった公家の岩倉具視は、皇統が続いてきたことについて「万世一系」と称した。それが今日でも天皇家の特徴とされているが、古代から皇位継承はたびたび危機に直面してきた。

これは、古事記や日本書紀が編纂される前のことになるが、6世紀のはじめに即位したとされる第26代の継体《けいたい》天皇は、第15代の応神天皇の5世の孫で、即位する前には越前国にいたとされる。先代の武烈《ぶれつ》天皇とは関係が薄い。そのため、継体天皇が即位することによって実際には王朝の交代が起こったのではないかともされる。

天皇も人間であり、長寿をまっとうできるとは限らない。かえって若くして亡くなった天皇は多い。したがって、皇位継承をつつがなく行うためには、天皇は多くの子をもうける必要があるわけだが、皇位継承の権利を持つ皇子の数が多ければ、その間に争いが起こる危険性がある。したがって、皇太子になる皇子だけを残し、他の兄弟は出家して法親王になるというやり方もとられた。
万世一系であるということは、代々の天皇が神武天皇の血を受け継いでいるということだが、さらに、神武天皇の曽祖父にあたる神がニニギである。ニニギはアマテラスの孫神である。

天孫降臨の話では、ニニギの妻となったコノハナノサクヤヒメの出産のことが語られる。コノハナノサクヤヒメは一夜の交わりで子を孕んだため、ニニギはそれは自分の子ではなく、国津神の子に違いないと言い出す。国津神は、天津神と対比されるもので、天津神が高天原の神であるのに対して、葦原中国の神をさす。

そこでコノハナノサクヤヒメは、自分が孕んだ子が国津神の子であるなら、無事に出産できず、逆に天津神の子なら無事だろうと言う。そして、出産する小屋を内側から土で塞いでしまい、いざ出産というときには、そこに火を放つ。自らの潔白を証明するためである。

それによって、アメノホアカリ（天火明命）、ホスセリノミコト（火須勢理命）、ホオウリノミコト（火遠理命）といった神々が生まれる。この三柱の神々が無事に生まれたことで、ニニギの子であることが証明されたことになる。その後、ウミサチヒコとヤマサチヒコの話が語られる。

浦島太郎のもとになったウミサチヒコとヤマサチヒコ

ウミサチヒコとヤマサチヒコの物語については第1章のはじめの部分でもふれたが、おとぎ話的な筋立てになっている。事実、この話は浦島太郎の説話のもとになったともされる。

兄であるウミサチヒコは海での漁を得意としており、弟のヤマサチヒコは山での猟が得意だった。兄弟はあるとき漁と猟に使う道具を交換するのだが、ヤマサチヒコは海で兄の釣り針をなくしてしまう。

困り果てていると、シオツチノカミ（塩椎神）が現れ、綿津見神宮《わたつみのかみのみや》に導いてくれる。そこでヤマサチヒコは、ワタツミに歓迎され、娘のトヨタマヒメ（豊玉毘売）と結婚する。

そのまま3年の歳月が流れるが、ヤマサチヒコは地上に戻ることになり、なくした釣り針とともに、霊的な力を発揮する玉を与えられる。

地上に戻ったヤマサチヒコは、兄に釣り針を返すが、その後兄は貧しくなってしまい、何度か攻めてきたので、ヤマサチヒコは貰った玉で兄を成敗する。ウミサチヒコは、これ以降、弟の宮殿を守る役割を果たすと約束する。

日本書紀一書第二では、ウミサチヒコは九州南部に住んでいた隼人の祖とされ、朝廷の儀式において「犬吠え」を行うようになったと述べられている。犬吠えは、犬に似た吠え声を立てるもので、大嘗祭では隼人の犬吠えが行われてきた。つまりこの箇所は、隼人族が朝廷に服従するようになった経緯を語る物語なのである。

そこに、トヨタマヒメがやってきた。トヨタマヒメはヤマサチヒコに対して、自分が身籠もっていることを告げる。そこで産屋を作り、出産することになるが、ヤマサチヒコに対しては、自分は元の姿になって産むことになるので、その姿を見ないようにと告げる。

ところが、ヤマサチヒコは怪しいと思い、出産する姿を見てしまう。トヨタマヒメは八尋鮫になっていた。見られたトヨタマヒメは、それを恥じて海神の国とこの国との境を超えて帰ってしまうのだが、生まれたのはウガヤフキアエズ（鵜葺草葺不合命）だった。このウガヤフキアエズは、叔母にあたるタマヨリヒメ（玉依姫命）と結婚し、そこに四柱の神が生まれる。そのなかには神武天皇が含まれていた。

そこから古事記は、中つ巻に入る。日本書紀も巻3の神武天皇の条に入る。神代の物語はここで終わったことになる。

国譲りから天孫降臨に続く話のなかには、本筋とは必ずしも関係しないいくつかのエピソードが織り込まれる形になっているが、アマテラスからニニギを経て、神武天皇が生まれるという流れは一貫したものとして描かれている。

そこにさまざまなエピソードが盛り込まれているということは、古事記や日本書紀が編纂される時点で、多様な伝承が存在したことを意味する。編纂が行われる以前に、古事記や日本書紀の本文にまとめられるような流れが形作られていたのかどうかは分からない。それでも、古事記と日本書紀が基本的に同じ流れに沿っていることは注目される。少なくとも、筋書きが大きく違うわけではない。

それが果たして何を意味しているのか、神話を考える上では重要なことになりそうだが、古事記と日本書紀がどのように関係するかについては、第1章でも述べたように、必ずしも明らかになってはいない。

ただ、すでに指摘したように、日本書紀には、古事記にある出雲神話、ないしは出雲制圧神話が欠けている。

その点を強調する三浦は、その背後には、出雲が大和によって制圧されたという実際の歴史があったという説を展開している。神話に描かれたことが歴史上の事実であれば、その可能性が浮上するし、出雲国造の神賀詞の奏上が服属儀礼であるとすれば、その点が裏づけられることになる。

三浦は、朝日新聞のインタビューで、「正史である日本書紀は出雲を取るに足らないもののように扱うが、古事記には滅びる側へのまなざしがある」と語っている（2021年1月6日付）。ただ、出雲を取るに足らないと考えるなら、かえって正史が出雲が征服されるまでの物語をつづっていたとしても不思議ではない。古事記が天皇に献上された天皇家の私的な物語であったのだとすれば、献上した側は出雲を制圧する過程を天皇に忘れさせないために、出雲神話に多くの部分を割いたのかもしれない。支配者はどこの国でも容易に驕るものである。臣下の重要な務めは、その驕りをなんとかしてたしなめることにある。

九州からはじまる必要があった神武天皇の東征

その後、神武天皇の話になっていくが、そこで中心をなすのは「東征」の物語である。神武天皇は日向を出発して東にむかい、大和国に至ってそこに都を開く。東征について語るには、神武天皇が都よりも西のどこかにいなければならない。

大和の西ということでは、出雲を出発点としてもさしつかえないはずだ。山陽道を通る必要があるということなら、出雲からいったん南に下り安芸国に寄ればいい。だが、隼人を服属させたことを語る必要があったのかもしれないが、天孫降臨の地に選ばれたのは日向だった。そこにも、出雲神話の場合と同様に、現実の歴史が反映されている可能性もある。

日向のある九州は朝鮮半島にも近く、古代において重要な地域となっていた。それは何より邪馬台国が存在した場所が、都がおかれることになる近畿に求められる一方で、九州ではないかとされてきたところに示されている。

やがて応神天皇と習合し、アマテラスに次ぐ第二の皇祖神とされるようになる八幡神も、九州北部においてはじめ渡来人が祀っていた神だった。大規模な祭祀が行われていた沖ノ島も九州の北、玄界灘に位置している。弥生時代の代表的な遺跡、吉野ヶ里遺跡も佐賀にある。

そうした点で、神武天皇の東征は九州からはじまる必要があったということだろうか。しかし、出雲と日向とがどうかかわるかについては、まったく何も述べられていない。

神話が語られる目的というものは、一つにはさまざまなものの起源を語ることにあるわけだが、古事記と日本書紀の場合にも、そうした面は見られる。イザナミが火の神を産み、それで亡くなってしまう話などがその代表である。そして、イザナミは黄泉国へ向かう。死が語られなければ、死者の赴く国については語られない。そして黄泉国は、スサノオが赴くことで、その重要性を増していく。

古事記と日本書紀で多く語られるのは神々の誕生である。第1章では古事記において267柱、日本書紀においては181柱の神々が登場することにふれた。そのなかには重複があり、両者をあわせると全部で327柱になる。

327柱の神々のなかには、どういう神なのかが分からないものも含まれるが、自然を神格化したもの、あるいは、天皇家や豪族、国造の祖とされるものが多い。
たとえば、スサノオが高天原を追放された後、オオゲツヒメノカミ（大気津比売神）に出会うが、この神は、鼻や口、さらには尻からさまざまなものを出す。スサノオは、そのさまを見て、汚らわしいとオオゲツヒメを殺してしまうのだが、そのときオオゲツヒメの頭には蚕が、目には稲種が、耳には粟が、鼻には小豆が、陰部には麦が、尻には大豆がなったとされている。いずれも重要な穀物などであり、ここでその起源が語られている。日本書紀では、オオゲツヒメはウケモチとされる。

あるいは、アマテラスとスサノオの誓約の場面でアメノホヒノミコトが生まれるが、その子であるタケヒラトリノミコト（建比良鳥命）は、出雲国造・无邪志《むざし》国造・上菟上《かみつうなかみ》国造・下菟上《しもつうなかみ》国造・伊自牟《いじみ》国造・津嶋縣直《つしまのあがたのあたい》・遠江《とおつおうみ》国造などの祖とされ、もう一つの子アマツヒコネノミコト（天津日子根命）も、さまざまな氏族の祖であるとされている。

これは第3章と関係することでもあるが、古事記・日本書紀において、神々の系列は、アマテラスに発するものと、スサノオに発するものの二つに分かれている。

アマテラスからは、アメノオシホミミが生まれ、アメノオシホミミの子が天孫降臨を行うニニギである。ニニギの孫がウガヤフキアエズで、神武天皇はその子にあたる。この系列に属する神々は天津神とされ、葦原中国を制圧し、平定する側にある。

スサノオは、アマテラスの弟であり、イザナギから生まれたわけだから、本来なら天津神に属するはずである。

ところが、乱暴狼藉を働いたことで高天原を追放され、それによって天津神の系列からは外されてしまう。そして、その子孫はオオクニヌシからはじまって国津神と位置づけられている。国津神は制圧され、平定される側に属している。

そこに現実の歴史がかかわっているとするなら、天津神は外来の征服民であり、国津神は土着の被征服民であるということにもなってくる。

そこから生まれたのが、終戦直後の1948年に考古学者の江上波夫が唱えた「騎馬民族説」である。4世紀のはじめに、天皇家を含む騎馬民族が朝鮮半島を経て九州に侵入し、5世紀はじめまでに畿内に政権を打ち立てたという説である。

この説は当時一世を風靡したものの、その後は、考古学上の明確な発見がなかったこともあり、むしろ批判の方が多くなっている。とても騎馬民族説が定説になったとは言えない。

今から振り返ってみるならば、騎馬民族説が唱えられたのは、日本が連合国によって占領されていた時代においてである。海外の勢力に征服されている時代の空気が影響していたことは十分に考えられる。

どの民族においても、神話をどうとらえるかは難しい問題をはらんでいる。近代においては考古学という学問が発展を見せ、文献史料のない古代についても、さまざまなことが明らかにされてきた。それによって、神話を歴史上の事実と見なすことができなくなってもきたのだが、神話は一貫した筋書きを持つ物語であるがゆえに、それをもとに歴史を語りたいという願望を生む。

そして、歴史が空白である部分に関しては、神話をもとに語られることも少なくない。たとえば、世界史の教科書では、現在においても、ユダヤ民族の歴史を語る際にモーセのことが持ち出されていたりする。モーセが神話的な人物であることは間違いない。とても実在したとは考えられないにもかかわらずである。

しかも、神話は、現代においてもかなりの影響力を発揮している。その点は、次の章で取り上げる神武天皇以降の歴代の天皇の物語を見ていくことでより鮮明になってくることであろう。

第6章

神武天皇からの天皇の物語

神武天皇の事績として中心となる「神武東征」

古事記の中つ巻は、神武天皇の話からはじまる。ただそこでは神倭《かむやまと》伊《い》波《わ》礼《れ》毘《び》古《この》命《みこと》と呼ばれ、天皇という称号は使われていない。命であるという点では神と同じである。

一方、日本書紀では巻第3全体が神武天皇のことに費やされている。こちらでは神日本《かむやまと》磐余《いわれ》彦天皇《びこのすめらみこと》と呼ばれている。見出しに神武天皇の文字があるが、『日本古典文学大系』では、神武天皇という「四字（漢風諡号）は本来書紀になかったが、後人が加えたものであろう」と注記されている。

天皇の場合、在世中は今上《きんじょう》天皇と呼ばれ、死後に諡号《しごう》が贈られる。もっとも最近亡くなった天皇は昭和天皇だが、昭和天皇と呼ばれるようになったのはその死後においてである。

神武天皇から第44代の元正天皇までの諡号は、文人であった淡海《おうみの》三船《みふね》によって天平宝字6（762）年から8年の間に一括して選定されたと考えられている。したがって、古事記や日本書紀が編纂されたときには、まだ漢風諡号は選定されていなかった。

神武天皇の事績として中心になるのは日向から東の地域の征服であり、それは「神武東征」と呼ばれる。

神武天皇は日向を出発し、瀬戸内海を東に進む。その間、各地に滞在し、難波に上陸してから大和に向かおうとする。

ところが、その土地の豪族であったナガスネヒコ（那賀須泥毘古）の軍に行く手を阻まれ、方向を変えざるを得なくなる。そこで、紀伊半島を迂回して熊野に向かい、そこから吉野を経て大和入りを狙う。神武天皇は、ナガスネヒコなどの豪族を打ち破り、大和を平定する。そして、辛酉《かのととり》の年の元旦、畝傍《うねび》の山麓の橿《かし》原宮《はらのみや》で即位したとされる。そこには現在、橿原神宮が鎮座しているが、この神社が創建されたのは近代に入ってからで、明治23（1890）年のことだった。

神武天皇の東征から即位まで

ではなぜ神武天皇は東征を行ったのだろうか。

古事記では、神武天皇は、どこの土地に行ったら天下を無事に治めることができるのかと考え、それで東征を決意したと簡単にしか述べられていない。

これに対して、日本書紀では、そのあたりの事情についてより詳しく述べられている。

神武天皇は、45歳になったときに、兄や子どもたちに対して、天孫降臨までの経緯について語り、それ以来179万2470年余が経ったものの、いまだに国全体が治まっておらず、争いが絶えないと指摘する。シオツチノヲヂ（塩土老翁）に聞いたところでは、東に青い山々に四方を囲まれた美しい国があり、そこには天磐船《あまのいわふね》に乗って飛び下る者があるという。そここそが国全体を治めるのにふさわしい場所と思われるので、そこに都を作ろうと言って、東征に出発したの

神武天皇の東征

八咫烏に導かれる神武天皇(『神武天皇東征之図』、安達吟光 画)

だった。

古事記では、日向を出発した神武天皇は、筑紫国へ向かい、そこの岡田宮に1年、阿岐国の多祁理宮《たけりのみや》に7年、吉備の高島宮に8年いて、速吸門《はやすいのと》(豊予《ほうよ》海峡)で亀の甲に乗り、釣りをしながら羽ばたきをして来る者に出会う。素性を問うと、国津神であり、海路を知っていると答えた。そこで案内人にするが、神武天皇はその国津神にサオネツヒコ(槁根津日子)という名前を与えた。

吉備と言えば、岡山県を中心とした地域であり、そこまで行った後、大分県と愛媛県の間にある豊予海峡に戻るのは、道筋として不合理である。

注目されるのは、神武天皇の物語に依然として国津神が登場することである。神と人とが共存していたことになる。そして、天皇は国津神に名を与えることになるのだが、名を与えるという行為は天皇にとって重要である。天皇に姓がないのも、天皇が姓を与えるという権威を持つ側にあるからである。

一行は、そこから浪速の渡りを過ぎて、白肩津《しらがたのつ》に船を泊めた。そこに待ち受けていたのがナガスネヒコの軍勢であり、それを相手にした戦闘のなかで、神武天皇の兄であるイッセノミコト（五瀬命）は矢にあたり、命を落としてしまう。

それを述べていくなかで、地名の由来が次々と語られていく。楯をとって戦ったから楯津《たてつ》、傷を負ったイッセが手の血を洗ったので血沼海《ちぬのうみ》といった具合である。

日本書紀の方では、神武天皇の一行は、出発したとたん速吸門でウズヒコ（珍彦）という国津神に出会ったことになっており、吉備から戻る形にはなっていない。ウズヒコに与えられた名はシイネツヒコ（椎根津彦）であった。

そこから筑紫国の菟狭《うさ》に至り、さらに同じ国の岡水門《おかのみなと》にたどり着くが、以降、「十有一月《しもつき》の丙戌《ひのえいぬ》の甲午《きのえうま》」といった形で月日が示されるようになる。これは11月8日を意味する。日本書紀でも、神代の部分に関しては、こうした月日については記されていなかった。神武天皇以降は月日が記され、さらには年も記されるようになっていく。そこには、神話ではなく、歴史を記述しようという意図が働いているものと考えられる。年に関しても、「戊午年《ぼごねん》」といった形で表記された。

速吸門からは、筑紫国の岡水門、安芸国、吉備国を経て、浪速国にたどり着く。そこから川を上り、河内国の白肩之津から大和国の龍田を経て膽駒山（生駒山）を越え、大和の中心部へ入ろうとしたところで、ナガスネヒコ（長髄彦）と戦うことになり、やはりイッセが命を落とす。日本書紀でも、戦いに関連して地名の起源などが語られていく。

古事記では、その後の経緯について、神武天皇の一行が紀伊国の熊野の村に迂回したと語る。ナガスネヒコとの戦いがはかばかしいものではなかったからだ。

その後も一行はくり返し困難な状況に遭遇する。

熊野では、神が化身した熊に出会う。熊はすぐに消えてしまうが、神武天皇は急に正気を失ってしまい、その軍勢も伏せってしまう。

するとそこにタカクラジ（高倉下）という人物が一ふりの太刀をもって現れ、それを献上すると、天皇は正気に戻る。そして、剣を受け取ると、それだけで熊野の山の荒ぶる神は自然と切り倒されてしまった。そこで、タカクラジに剣を得た由来を尋ねると、次のような話が語られた。

タカクラジは夢を見るのだが、その夢にはアマテラスとタカギノカミが現れ、この二柱の神は、国譲りのところに登場したタケミカヅチを呼び出す。葦原中国が騒がしく乱れ、自分の子どもたちが病み悩んでいるので、それを平定したタケミカヅチに再び下るように命じたのだ。

ところがタケミカヅチは、自分が天降りしなくても、平定するときに用いた太刀があるので、それを降ろせばいいと答える。この太刀は布都御魂《ふつのみたま》で、石上神宮《いそのかみ》にあると注記されている。

こうしてタカクラジはタケミカヅチから太刀を手に入れたのだが、神武天皇に対しては、タカギノカミから指示が下される。これから先は荒ぶる神がとても多いので、ヤタガラス（八咫烏）を遣わすから、その道案内に従えというのだ。

神武天皇が、ヤタガラスの道案内に従って進んでいくと、その途中で国津神の兄弟に出会う。そして、宇陀《うだ》にたどり着く。宇陀は大和高原の南端に位置し、橿原のすぐ東にあたる。

宇陀にはエウカシ（兄宇迦斯）とオトウカシ（弟宇迦斯）という兄弟がいた。神武天皇がヤタガラスを使いに出し、自分に仕える気があるかどうかを問う。すると、兄の方は矢を射てヤタガラスを追い返してしまう。さらに、神武天皇を迎え撃とうと軍隊を集めようとするが、一向に集まらない。

そこで兄は大きな館を作り、そこに、踏み込めば圧死する仕掛けを施す。弟は参上して、兄の企みを暴露してしまう。

大伴連たちの祖であるミチノオミノミコト（道臣命）と久米直たちの祖であるオオクメノミコト（大久米命）が、この兄を呼び出し、自分が作った館へまず自分で入れと迫り、太刀と矢を使って、無理やり館に押し込んでしまう。それで兄は、自分が作った仕掛けにかかって圧死してしまう。その後、宴が開かれ、歌も披露される。

それから、土雲と呼ばれる80人の族を平らげる。さらには、兄を戦死させたナガスネヒコを打ち倒し、エシキ（兄師木）とオシキ（弟師木）も撃つが、それで神武天皇の軍勢は疲れ果ててしまう。

そこにやって来たのがニギハヤヒノミコト（邇芸速日命）で、天津神の御子が天降ったと聞いたので参上したと言い、御子の証となる品々を献上した。そのニギハヤヒは、ナガスネヒコの妹と結婚し、物部連、穂積臣、婇臣の祖となるウマシマジノミコト（宇摩志麻遅命）という子をもうけることになる。

こうして神武天皇は、荒ぶる神をことごとく平らげ、橿原の宮を建て、天下を治めることになる。

日本書紀に詳しい即位までの経緯

古事記では、神武天皇が橿原の宮で即位するまでの経緯は、このように語られるが、その間に起こったことについては日本書紀の方がはるかに詳しい。神武天皇は、即位するまでの間により多くの苦難に直面している。

熊野に至った神武天皇の軍勢は、船で海を行くことになるが、そこで暴風にあう。神武天皇には、すでに亡くなっているイッセのほかに、イナイノミコト（稲飯命）とミケイリノミコト（三毛入野命）という兄がいたが、その際にイナイは嘆く。自分の親は天神で、母は海神なのに、なぜ陸でも海でも自分たちは苦しまなければならないのかと。そして、剱を抜いて海に入りサイモチノカミ（鋤持神）になったという。これは暴風を鎮めるための人柱になったということだろう。

一方、ミケイリの方も、自分の母や叔母はどちらも海神なのに、なぜ波を起こして、自分たちを溺れさせようとするのかと嘆き、こちらは常世郷に去ってしまう。

その次に、古事記でも語られた神武天皇やその軍勢が正気を失う話について語られるが、日本書紀では熊が原因とはされず、熊野の荒坂津《あらさかのつ》というところで、ニシキトベ（丹敷戸畔）という者を殺したとき、それが毒気を吐いたからだとされる。そこにはやはりタカクラジが登場する。

タカクラジが夢を見たことは古事記と同じだが、タケミカヅチを降そうとするのはアマテラスだけで、タカギノカミの方は登場しない。タケミカヅチはタカクラジに韴霊《ふつのみたま》と呼ばれる剣を降し、それで神武天皇の一行は正気を取り戻す。そして、アマテラスはヤタガラスを遣わし、それが神武天皇の道案内となる。

その後、エウカシとオトウカシが登場し、古事記同様のエピソードが語られる。宴会が開かれ、歌が披露されるのも共通する。さらに、吉野で三柱の国津神に出会うところも同じである。

ただし、そこからナガスネヒコを撃ち、橿原に宮殿を建てるまでの話は日本書紀において独自な形で進行していく。

なお、神代の話が終わり、巻第3以降になると、本文と併せて一書が紹介されることはほとんどなくなる。なぜそうした違いが生まれるのか。日本書紀は何も語っていない。なにしろ日本書紀には、古事記とは異なり、序文がつけられていないからである。それを説明するはっきりとした学説も存在しないように見受けられる。

神話を語る部分においては、さまざまな伝承があることを示し、代々の天皇の事績については年月日を示すというやり方がとられることで、巻第3以降の日本書紀が、巻第2までとは異なり、歴史書、日本の国の正史であるという印象を強めていることは確かである。

日本書紀に独自な話としては、まず国見ということがあげられる。9月5日、神武天皇は宇陀の高倉山の峰に登り、そこから国の様子をうかがった。すると、ヤソタケル（八十梟帥）など多くの軍が配置されているのが分かった。

すると天皇は夢のなかで、さまざまなお告げを下され、シイネツヒコに天《あま》の香《か》具山《ぐやま》から土を取ってこさせた。その土で平たい土器（平瓮《ひらか》）の皿、壺（天手抉《あめのたくじり》）、酒などを入れる瓶（厳瓮《いつへ》）を作らせ、丹生《にう》川の上流に行って、天神地祇を祀り、さまざまな誓いを立てた。

その上で天皇は、大伴氏の遠祖にあたるミチノオミに対して、自分はタスカミムスヒを祀るので、お前は斎主《いわいぬし》となって、イツヒメ（厳媛）を名乗るように命じる。そして、そこに据えた土の甕《かめ》の名をイツヘ（厳瓮）とし、火の名をイツノカクツチ（厳香来雷）、水の名をイツノミツハノメ（厳罔象女）、食べ物の名をイツノウカノメ（厳稲魂女）、薪の名をイツノヤマツチ（厳山雷）、草の名をイツノノツチ（厳野雷）とすると告げた。

中世には、朝廷が奉幣を捧げる対象として「二十二社」が定められた（これについては、拙著『二十二社―朝廷が定めた格式ある神社22』幻冬舎新書を参照)。この物語は、二十二社に含まれる丹生川上神社の縁起譚になっている。

10月1日に、天皇は祭祀に供したイツへの食物を食べ、軍団を整えて、ヤソタケルを撃った。それでも残党がいたので、彼らを呼び寄せて宴を開く。そこには天皇の勇猛な兵卒も混じっており、彼らに対しては、宴がたけなわとなり、自分が歌をうたったら、残党を撃てと命じてあった。この計略はうまくいき、残党を討ち果たすことができた。

11月7日には、シギヒコ(磯城彦)を攻める話になるが、ここでも兄と弟が登場する。これは、古事記のウカシ兄弟の話と似ており、兄は天皇が遣わしたヤタガラスを追い返してしまう。弟の方は、兄が天皇と戦おうとしていることを教える。それで戦いになるが、天皇の側が勝つ。

12月4日には、ついにナガスネヒコと戦うことになるが、すぐには戦いに勝利をおさめることができない。すると天候が悪化し、冷たい雨が降ってきた。

そこに飛んできたのが金色の鵄《とび》で、天皇の持っていた弓の先に止まった。鵄は光り輝いていたので、ナガスネヒコの軍はそれに幻惑され、戦意を失ってしまう。しかし、天皇には兄を殺された恨みがあり、敵を全滅させようと考える（なお、この話をもとにした金鵄《きんし》勲章は戦前、軍人に与えられた）。

そこにナガスネヒコの使者がやってきて、昔、天神の子が天磐船に乗って天より下ってきたが、それがニギハヤで、自分はその神に仕えてきた。それからすると、天神の子が二人もいるというのは信じられないと伝えてきた。

そこでお互いに天神の子の証拠となるものを示すことになるが、どちらも本物だった。そうなると、決着のつけようがなくなるはずなのだが、日本書紀は、ナガスネヒコの性格が頑迷で、神と人とがまったく異なるものだと教えても理解しそうにないという理由で、天皇によって殺されたと記している。この説明には、理解が難しいところがある。

これによって、天皇は、一旦は敗れたナガスネヒコに勝つことができたわけだが、翌年2月20日の箇所では、他の土豪たちを討ち滅ぼす話が語られる。

そして、3月7日のところでは、天皇が、ここまで東征を進めてきて、まだ遠くには残党があるものの、中州の地は治まったので、都を建てようと宣言し、畝傍山の東南にある橿原の地に都を開いたことが語られる。

天皇は、正式な妃を迎え、「辛酉年の春正月の庚辰《かのえたつ》の朔《ついたち》」に橿原の宮で即位し、これが神武天皇の即位元年となった。

その後、即位2年2月2日には、功績のあった者たちに賞を賜り、4年2月23日には皇祖天神を奈良県桜井市にある鳥見山に祀ったということが語られた後、一気に31年4月1日に時代が飛び、腋上《わきがみ》の嗛間丘《ほほまのおか》に登り、国の形が蜻蛉《とんぼ》が交尾している形に似ているということで秋津洲《あきづしま》と名付けたことが語られる。秋津は蜻蛉の古い呼び名である。

そして、42年1月3日には、カムヌナカワミミノミコト（神渟名川耳尊）を皇太子にしたとされ、76年3月11日に、天皇が橿原宮で崩御したことが語られる。

享年は127であったという。葬られた場所は畝傍山東北陵とされる。

このように、神武天皇についての物語は、東征が中心で、即位した後、どのような支配、政治を行ったかについてはほとんど何も語られていない。

古事記の方では、橿原に都を定めた後に、天皇がイスケヨリヒメ（伊須気余理比売）を后とするまでのことが語られる。二人の間にはヒコヤイノミコト（日子八井命）、カンヤイミミノミコト（神八井耳命）、カムヌナカワミミノミコト（神沼河耳命）という三人の子が生まれた。

ただし、天皇は日向にいたときにすでに結婚しており、その間にできたタギシミミノミコト（當芸志美美命）は、神武天皇が亡くなると、イスケヨリヒメと結婚し、三人の異母弟を殺そうとした。

三人は、母が作った歌から、そうした企みがあることを察知し、タギシミミを殺そうとするが、一人は手足がふるえて殺すことができない。そこで、一番下の弟であるカムヌナカワミミが兄の武器を貰い受け、それでタギシミミを殺し、兄に代わって天皇の位についた。

その後、古事記でも日本書紀でも、代々の天皇の事績について語られていくことになるが、詳しく語られている天皇もあれば、そうでない天皇もある。たとえば、古事記において、第2代の綏靖天皇については、次のように述べられているだけである。

> 神沼河耳命、葛城《かづらき》の高岡宮に坐《ま》しまして、天《あめ》の下治《したし》らしめしき。この天皇、師《し》木縣主《きのあがたぬし》の祖、河俣毘賣《かはまたびめ》を娶《めと》して生ませる御子、師木津日子玉手見命《しきつひこたまでみ》。一柱天皇の御年、四十五歳《よそぢまいつとせ》。御陵は衝田岡《つきだの》にあり。

この第2代の綏靖天皇から第9代の開化天皇までは、系譜が示されるだけで、事績について具体的なことはほとんど何も語られていない。したがって、実在した可能性が乏しいということで、歴史学では「欠史八代《けっしはちだい》」と呼ばれる。日本書紀でも、この8代の天皇は巻第4にまとめられてしまっている。

神話を実際の歴史に結び付ける作業

では、歴代の天皇のなかでいったいどこから実在が確かだと言えるのだろうか。

これは非常に難しい問題で、古代史を専門とする研究者も明確な結論を出してくれてはいない。何より、古事記や日本書紀以外に文献史料が存在しないからである。

それを補うのが考古学による研究ということになるが、代々の天皇の墓である古墳、天皇陵については宮内庁が管轄しており、自由に発掘調査を行うことができないという制約がある。

ようやく2021年11月に、仁徳天皇陵と称されてきた大阪府堺市の大山《だいせん》古墳で埋蔵資料を確認するための調査が行われ、埴輪の破片やそれを立てた跡などが発見されているものの、これは例外的なもので、本格的な発掘調査が行われるような状況にはない。

もう一つ、古代の日本を知るための史料となるのが中国の歴史書である。その代表となるのが、「魏志倭人伝」と称されるもので、そこには邪馬台国と卑弥呼のことが記されているため注目を集めてきた。ただし、魏志倭人伝は通称で、西晋の時代に成立した歴史書『三国志』の「魏書」巻30「烏丸鮮卑東夷伝《うがんせんぴとういでん》」のなかに倭についても記されているということである。

そこでは、朝鮮半島の帯方郡から邪馬台国に至る行程も記されているものの、その通りだとすれば、邪馬台国は九州のはるか南の海上に位置していたことになってしまう。そこで、邪馬台国の所在地をめぐっては畿内説と九州説が唱えられ、論争がくり返されてきた。現在でも、その論争は決着を見てはいない。

魏志倭人伝では、卑弥呼やその後継者となった壹與《とよ》は魏の皇帝に対して使者を送ったとされる。卑弥呼は、魏の年号である景初２（２３８）年以降に使者を送り、魏の皇帝からは「親魏倭王」に任じられた。

ところが、3世紀半ばに壹與が朝貢したという記録を最後に、中国の史書にはしばらくの間、倭のことについては何も語られない時代が続く。次は、東晋の時代である義熙9（413）年に倭王の讃が朝貢したという記録が『晋書』安帝紀などに見られる。つまり、150年間、倭についての記録は途絶えてしまったわけである。

邪馬台国が大和朝廷とどのように関係するかも分かっていない。それは大和朝廷に発展したのだろうか。それともこの空白の150年の間に邪馬台国は大和朝廷に取って代わられたのだろうか。朝貢の記録が欠けているということは、倭のなかで騒乱が発生していたとも考えられる。

讃についてだが、この讃からはじまって珍、済、興、武という5人の倭国の王のことは、中国南朝の宋の時代の歴史書『宋書』に登場する。「倭の五王」と呼ばれることが一般的だが、こうした王たちは、晋、宋、斉などの国々に使者を送り貢物を献じて、ときには「安東将軍倭国王《あんとう》」といった官職を賜ることもあった。倭の五王については中国の記録も多く、実在したことは間違いない。問題は、それぞれの王が、どの天皇なのかということである。記録は413年から502年までの100年近くにわたる。

倭の五王と歴代の天皇の関係についてもさまざまな説が唱えられているが、第1章でもふれた古代史の上田正昭は、古事記や日本書紀、あるいは中国の歴史書の記述を「総合して検討すれば、讃は履中、珍は反正、済は允恭、興は安康、武は雄略の各大王に比定することが可能となる」と述べている(『私の日本古代史(上) 天皇とは何ものか―縄文から倭の五王まで』新潮選書、231頁)。

履中《りちゅう》天皇は第17代で、雄略《ゆうりゃく》天皇が第21代にあたる。日本書紀の記述では、履中、反正《はんぜい》、允恭は、第16代仁徳天皇のそれぞれ第1、第3、第4皇子とされ、安康《あんこう》と雄略は允恭天皇の第2と第5皇子とされる。

ただ、古事記や日本書紀には、こうした天皇が中国の皇帝に朝貢したという記事は見られない。そこで、倭の五王は大和朝廷とは別の王朝の王たちだったのではないかという説も唱えられてはいるが、歴史学界では、おおむね上田の述べているようなことが受け入れられている。

実際、古事記や日本書紀でも、こうした天皇のことについては、多くのことが語られている。それがすべて歴史上の事実と受け取るわけにはいかないが、倭の五王についての伝承が少なくないことは事実である。

問題は、倭の五王に先立つ仁徳天皇より前の天皇が実在したかどうかということになる。それについても、さまざまな議論が存在するわけだが、実在の決め手となるような史料は不在であり、はっきりとしたことは言えない。

その点について考える上で、参考になるのが古墳である。

日本の歴史区分においては、縄文時代と弥生時代の次に古墳時代が訪れたとされる。この時代は3世紀の終わりから4世紀初頭にはじまり6世紀中ごろまで続いたとされる。これは邪馬台国から倭の五王の時代と重なる。

古墳は高く土を盛った墓であり、その規模が大きいため、天皇や各地の豪族など有力な人物の墓だと考えられる。

古墳には、方墳、円墳、前方後方墳などの種類があるが、鍵穴のような形をした前方後円墳がもっともよく知られている。

前方後円墳としてもっとも古いものは、邪馬台国の卑弥呼の墓ではないかと言われることもある奈良県桜井市の箸墓《はしはか》古墳である。前方後円墳は、一部の地域（北海道、青森、秋田、沖縄）を除いて日本全土で造られ、その数は５０００基前後に及ぶ。

大型の前方後円墳の周囲には小型の前方後円墳や方墳、円墳もあり、その地域の権力者が大型の前方後円墳に葬られ、その家族など関係者が周囲の古墳に葬られたものと推測される。

ところが、６世紀に入ると、奈良を中心とした畿内以外の地域では、前方後円墳が姿を消してしまう。それは、権力が畿内地域に集中するようになったことを意味するわけで、その時代に大和政権が成立したと見ることができる。そして、権力基盤が安定したということだろう、畿内でも前方後円墳は造られなくなっていく(このあたりのことは、近藤義郎『前方後円墳の時代』岩波文庫に詳しい)。

このような過程で大和朝廷が成立したとするなら、その間に、他の地域の豪族などの勢力はしだいに平定され、倭の五王の時代にははっきりと大和朝廷の支配下におかれたことになる。

ということは、古事記や日本書紀において語られる天津神によって国津神が征服されていったという物語は、歴史を反映したものである可能性が出てくる。

その真相がいかなるものかについては、さまざまな考え方があるだろう。だが、少なくとも、神話を読むという作業を、実際の歴史を考える作業に結びつけていくということが、相当に興味深いものであることは間違いないのである。

次には、歴代の天皇について語られる部分に登場する英雄、ヤマトタケルについて見ていきたい。

第7章

ヤマトタケルの物語

神話で語られる神社の由来

代々の天皇の事績について、古事記でも日本書紀でも、多くのことが語られている。とくに日本書紀は詳しい。

したがって、その全体について述べることは難しい。

そこで、いくつか興味深い内容にしぼることにする。そのなかには、神話としてとらえられるようなものが少なくない。それぞれの物語は、特定の天皇の代に起こったこととして語られてはいるが、必ずしもその代で語られる必要のないものも含まれている。

まず、第10代の崇神天皇のところでは、「三輪山伝説」について語られている。奈良県桜井市にある大神神社は、神社としてもっとも古い形式を残しているとされる。それも、今なお拝殿しかなく本殿が建てられていないからである。そして、背後の三輪山が、神が宿る「神体山」とされている（大神神社については、前掲

『教養として学んでおきたい神社』の第3章でも述べた）。

その三輪山に伝わる三輪山伝説は、大神神社が創建される経緯について語ったものである。日本書紀の方が詳しいので、ここではそれを紹介する。

崇神天皇5年に疫病が流行した。その翌年には百姓たちが離散し、背く者も出てきた。その勢いは天皇の徳をもってしても治めることが難しい状況で、ひたすら神々に罪を犯したことを謝罪するしかなかった。

そして、これまでアマテラスとヤマトオオクニタマノカミ（倭大国魂神）という二柱の神を朝廷で同時に祀っていたのが禍の原因であるとされた。

そこで、アマテラスについてはトヨスキイリヒメノミコト（豊鍬入姫命）に預けられ、倭の笠縫邑《かさぬい》というところに祀られた。一方、ヤマトオオクニタマについては、ヌナキイリビメノミコト（渟名城入姫命）に託される。ところが、このヒメは髪が落ち、やせ衰えて神を祀ることができなかった。

そこで崇神天皇が浅茅原《あさじがはら》というところへ出向き、神々に対して占いを行うと、孝霊天皇の皇女、ヤマトトトヒモモソヒメノミコト（倭迹迹日百襲姫命）が神憑《がか》りして、オオモノヌシノカミ（大物主神）のことばを伝えた。

オオモノヌシは、自らの子であるオオタタネコ（大田田根子）によって祀らせれば国は治まるという託宣を下したのだった。

それは崇神天皇7年2月のことだったが、8月には、3人の人物が同じ夢を見るという出来事が起こる。その3人のなかには神憑りしたヤマトトトヒモモソヒメも含まれていた。夢の内容は、オオタタネコによってオオモノヌシを祀らせ、イチシノナガオチ（市磯長尾市）という人物によってヤマトオオクニタマを祀らせれば、「天下は太平となる」というものだった。

そこでオオタタネコを探すと、和泉国の陶邑《すえむら》という所で見つかった。天皇自らがオオタタネコに誰の子かと問うと、父はオオモノヌシで、母はイクタマヨリヒメであるという答えが返ってきた。

11月に、オオタタネコにオオモノヌシを祀らせ、イチシノナガオチにヤマトオオクニタマを祀らせた。さらには、占いに従って八百万の神々を祀ると、夢のお告げの通り、疫病は止み、国内はようやく鎮まった。

オオタタネコについては、現在の三輪君等が始祖とされる。三輪君とは、大和の大神神社を祀る大神氏のことである。そして、その後のこととして、オオモノヌシの妻となったヤマトトトヒモモソヒメの話が語られる。

妻にはなったものの、夫が夜にしか訪れてこないので、ヒメは、夫の顔が分からなかった。そこで、夫に対してそのまま泊まり、昼になったら顔を拝みたいと頼んだ。すると、オオモノヌシは自分は櫛を入れる箱のなかにいるが、その姿を見ても決して驚かないようにと告げた。

明るくなってヒメが箱をあけてみると、そこには、姿の美しい小さな蛇がいた。ヒメは、それを見て驚いてしまった。すると神は、恥をかかされたので、自分は元のところへ戻り、お前に恥をかかせてやると言って、大神神社の神体山である三輪山に登ってしまった。

ヒメは、それを見て後悔し、座り込むと、箸で陰部を突かれ、亡くなってしまう。ヒメを葬った場所が箸墓だというのだ。

オオモノヌシは、第4章で見たように、オオクニヌシによる国作りの話のなかに登場した。そこでも、オオモノヌシは三輪山に祀られたことになっていた。なお、ヤマトオオクニタマを祀っているのが奈良県天理市に鎮座する大和《やまと》神社である。

一方、アマテラスが伊勢に祀られるまでの経緯は、日本書紀において、崇神天皇の次の天皇、第11代垂仁《すいにん》天皇のところで語られる。

それは垂仁天皇25年3月のことだった。そこまでトヨスキイリヒメがアマテラスを祀ってきたが、祀り手は垂仁天皇の第4皇女であったヤマトヒメノミコト（倭姫命）に代わる。

その際、たんに祀り手が代わっただけではなかった。ヤマトヒメは、アマテラスを祀るにふさわしい場所を求めて、大和国から近江、美濃を経て伊勢国に至る。

すると、アマテラスは、この神風の吹く伊勢の国は、常世の浪がくり返し寄せている、近くて美しい良い国なのでこの国にいようと思うと言い出し、伊勢に祀られることになる。

その後には、アマテラスを祀る斎王がこもる斎宮が五十鈴川の川上に建てられ、そこは「磯宮」と呼ばれるようになった。その際に、そこはアマテラスが初めて天から降った所であると述べられている。これだと、宮中にも、笠縫邑にも、アマテラスは天降っていなかったことになり、矛盾が生じてしまうのだが、日本書紀の作者は、アマテラスと伊勢国との密接なつながりを強調しようとしたのであろう。

大神神社や大和神社、そして伊勢神宮は古代に創建された重要な神社であり、古事記や日本書紀には創建に至る経緯が語られているわけだが、もちろんそれは神話であり、歴史的な事実を述べたものとは言えない。

しかし、それぞれの神社にとって、神話に語られているということは、由緒正しいことの証としてとらえられ、その点で重視されてきた。

ヤマトタケルの物語

なんと言っても、物語として興味深いのは、次の第12代景行《けいこう》天皇のところで語られるヤマトタケルノミコト（日本武尊）についての伝説である。

これについては、古事記でも日本書紀でも語られているが、物語の根幹となる部分が異なっている。

ヤマトタケルは、景行天皇の子である。古事記では最初、オウスノミコト（小碓命）として登場し、後にヤマトタケルと名前を変える。日本書紀の場合には、ヤマトタケルは景行天皇に命じられて各地を征伐してまわったという形で物語が進行する。

ところが、古事記の冒頭の部分では、ヤマトタケルの並外れた粗暴な振る舞い

ヤマトタケル

ヤマトタケル（歌川国芳画）

について語られている。その結果、ヤマトタケルは父である景行天皇に疎まれたのである。そのことが、古事記におけるヤマトタケルの物語に、世界各地の神話とも共通する悲劇性を付与している。

ヤマトタケルの物語が、小説や漫画、あるいは映画や歌舞伎、オペラになってきたのも、悲劇性を伴っているからこそである。そこで、ここでは古事記に語られたヤマトタケルの物語を中心に紹介することにする。

まず、冒頭でのヤマトタケルの振る舞いだが、ヤマトタケルには、オオウスノミコト（大碓命）という兄がいた。その兄が朝夕の食事の場に出てこなかった。そこに出てくることは、何かを企んでいないことの証となるものだった。

そこで天皇は、弟のオウスに、兄に対して食事の場に出てくるのが習いだと教へ諭せと命じた。

しかし、5日経ってもオオウスは出てこなかった。天皇が、なぜオオウスは出てこない、ちゃんと教え諭したのかとオウスに尋ねると、もうとっくにそうしたという答えが返ってきた。

天皇が、ではどうやって教え諭したのかと尋ねると、オウスは、明け方にオオウスが厠《かわや》に入るのを待ち受けて捕らえ、つかんでつぶし、手足をもいだ上、薦《こも》に包んで投げ捨てたと答えた。

あまりに残虐な振る舞いである。天皇は、そんなことを求めてはいなかった。オウスは、父の天皇のことばを勝手に解釈し、兄を残虐な方法で殺してしまったのだ。天皇は、自分の子ではあるもののオウスを恐れるようになる。そして、オウスに次々と命令を下し、各地を成敗させることとした。

オウスはまず熊曽《くまそ》の国に遣わされる。そこにはクマソタケル（熊曽建）という勇猛な二人の兄弟がいた。

オウスは女装し、クマソタケル兄弟が開いた宴にもぐりこむ。童女の姿になっても、少しも疑われなかったということは、オウスが優しい姿形をしていたことを暗に示している。少女のように見えて残虐なのだ。

オウスは、懐中していた剣でクマソタケルを刺し殺す。クマソタケルは、いまわの際に、西には自分たちより強い者はいないが、大倭国にはそれがいたので、自分の名を与えると言い残して亡くなる。これ以降、オウスはヤマトタケルと呼ばれるようになる。

使命を果たしたので、ヤマトタケルは帰還しようとする。その途中で、山の神、河の神、海峡の神を平らげ、出雲国へ入る。出雲国では、イズモタケル（出雲建）を撃とうとして、まず友だちになり、偽の剣を造って、それをイズモタケルの太刀と交換する。そして、太刀合わせをすることになるが、イズモタケルは偽の太刀を与えられていたため、それを抜くことができず、ヤマトタケルに殺されてしまう。

ヤマトタケルが、数々の試練を克服していくことでは、スサノオやオオクニヌシと共通する。だが、ヤマトタケルの方にはここまでのところ助力者は現れていない。ヤマトタケルは、その方法はともかく、自らの力で試練を乗り越えている。

ヤマトタケルが、神話的な英雄、文化英雄として後世においても注目されてきたのは、こうした点があるからだ。

ところで、日本書紀の場合、熊曽のカワカミタケル（川上梟帥）を撃ちまかした後、帰還する途中、寄り道して伊勢神宮を拝んだとされる。古事記では、熊曽は西にいるとされるが、日本書紀では東にいるとされている。したがって、東から大和へ戻る途中に寄り道をすれば伊勢神宮に参詣することができる。

ただ、日本書紀には、イズモタケルは登場せず、出雲国自体が舞台になることはない。これは、第4章で見た、日本書紀に出雲神話と出雲制圧神話が欠けていることと連動するものであろう。日本書紀は、出雲国に関心を持ってはいないのだ。

古事記に戻れば、帰還したヤマトタケルに対して、景行天皇は、今度は東の方の12国にいる荒ぶる神やまつろわぬ人間たちを征服しにいくよう命じる。

ここが父に疎まれるヤマトタケルの悲劇が強調される場面だが、ここでヤマトタケルは伊勢の大神宮に参上し、神のいる場所を拝んだ後、叔母のヤマトヒメ

（倭比売命）に対して嘆く。天皇は、自分が死んだらいいと思っているのか。西を平らげたかと思うと、戻って間もないのに東を平らげに行けと命じた。天皇は、自分に早く死んでほしいと望んでいるというのである。

ここは、若くして亡くなった映画俳優ジェームズ・ディーンの映画「エデンの東」を思わせる。ディーンの演じたキャルは、兄弟のアロンに比べて自分は父親に疎まれていると感じている。このことが悲劇に結びつくのだが、「エデンの東」の元になったのは、旧約聖書の「創世記」にあるカインとアベルの物語である。ただし、そこからはヤマトタケルにも助力者が現れる。まず、叔母のヤマトヒメがその役割を果たし、袋を渡してくれる。困ったときには、それを開けというのだ。

相模国の野原で火攻めにあったとき、袋を開けると、そこには火打ち石が入っていた。ヤマトタケルは、太刀で草をなぎはらい、火を起こして、それを向火にして、相手を滅ぼす。

さらに、走水の海（浦賀水道）を渡ろうとしたときには、海が荒れていて、先へ進むことができない。すると、ヤマトタケルの后であったオトタチバナヒメノミコト（弟橘比売命）が人柱となって入水し、海を鎮める。

古事記では、いきなりオトタチバナヒメが登場するが、日本書紀では、その辺りのことがより丁寧に説明されている。相模から上総に渡ろうとするとき、そこには穂積氏のオシヤマスクネ（忍山宿禰）の娘としてオトタチバナヒメが付き従っていたとされるのだ。

その後、ヤマトタケルは次々と蝦夷たちを征服していく。岩波文庫版の古事記では、蝦夷に「今のアイヌ人の祖先」という注がつけられているが、果たしてアイヌ人としていいのか、それについては議論がある。ただし、日本書紀のヤマトタケルは陸奥国まで行っており、それだとアイヌである可能性が高くなる。

古事記のヤマトタケルは足柄山で白い鹿となったその地の神を打ち殺すが、その山に登って、「吾妻《あずま》はや」と3度嘆いている。これは「我が妻よ」の意味だが、これが東国を意味する阿豆麻《あずま》のいわれになったという。

ヤマトタケルは、そこから甲斐、信濃国を越えて尾張国に入る。尾張国には、すでに東への征伐を開始するときに立ち寄っており、その際には、尾張国造の祖であるミヤズヒメ（美夜受比売）の家に寄り、ヒメと婚約していた。

ヤマトタケルは、ミヤズヒメと再会し、ヒメは酒の入った杯を捧げてくれるが、月のさわりがヒメの衣についていた。それで、二人の間では月をめぐって歌が交わされるが、二人は交わる。そしてヤマトタケルは、携えていた草薙剣をヒメに預け、伊吹山の神を打ち止めるために出かける。素手で殺そうというのだ。

その神は白い猪となって現れる。大きさは牛のようであった。それでも、ヤマトタケルはそれを神そのものではなく、神の使者と見誤り、帰りに殺せばいいと考える。

ところが、神の力によって大氷雨が降り、ヤマトタケルはそれで気を失うほどのダメージを受けてしまう。それから先へ進み、美濃から三重を過ぎていくが、疲れはひどく、足も腫れ上がってしまった。能煩野《のぼの》（三重県鈴鹿市あたり）に至ったときには、「倭は　国のまほろば　たたなづく　青垣　山隠れる　倭しうるはし」という望郷の歌をうたう。ところが、ついには危篤状態になり、ヤマトタケルの命は失われてしまった。ヤマトタケルの魂は大きな白鳥となって飛び去っていくのだった。

スーパー歌舞伎の「ヤマトタケル」では、最後、ヤマトタケルとなった市川猿之助（3代目・4代目）が、白鳥の姿となり、宙乗りで飛び去っていく。

また、スタジオ・ジブリの「もののけ姫」では、「乙事主《おっことぬし》」という白い猪が登場するが、それはヤマトタケルの前に現れた伊吹山の神がモデルの一つになっている。

ヤマトタケルは、最初、とてつもなく残虐なやり方で兄を殺してしまう。殺さなければならない理由がないにもかかわらずである。

それで父に疎まれ、西に東にと荒ぶる民や神々を成敗するために遣わされる。

それは、成敗が本当の目的ではなく、戦いのなかでヤマトタケルが亡くなることを期待してのことであった。

その天皇の思いは、最後満たされる。天皇がヤマトタケルの最後についてどのように感じたのかについて、古事記は何も語っていない。ヤマトタケルの后や子どもたちが、その死を嘆いたと述べられているだけである。

これに対して、日本書紀では、ヤマトタケルによる兄殺しは出てこない。全国に遣られるのも、天皇が疎んでのことではない。ヤマトタケルは、天皇の命令に忠実に従う英雄として描かれている。その分悲劇の側面はないわけで、ヤマトタケルの死を伝えられた景行天皇は、子を失った悲しみのために、何も手がつかなくなり、昼夜にわたって泣き続けたとされる。そして、白鳥となったヤマトタケルの後を追い求めさせ、白鳥がとどまったところに陵を造っていった。天皇とヤマトタケルとの関係性が、日本書紀と古事記ではまったく異なるのだ。

神功皇后からはじまった摂政

景行天皇が亡くなった後、天皇の位を継いだのは、ヤマトタケルの弟にあたるワカタラシヒコノスメラミコト（若帯日子天皇）、第13代の成務《せいむ》天皇だった。ただし、成務天皇の事績について語られていることは、古事記でも日本書紀でも少ない。タケノウチノスクネ（建内宿禰）を大臣としたことと、全国の国造を定めたとされているだけである。

タケノウチノスクネは、すでに景行天皇に仕えており、それ以降、成務、仲哀、応神、仁徳の5代の天皇に仕えたとされる。295歳、あるいは312歳で亡くなったという言い伝えもあり、神話的な人物である。なお、国造については、ここが初出である。

そして、成務天皇には子どもがいなかったため、ヤマトタケルの第2子が第14代仲哀天皇として即位する。

古事記では、仲哀天皇の妻となった女性や、その間にもうけた子どもたちについて語られた後、后となったオキナガタラシヒメノミコト（息長帯比売命）とともに筑紫の訶志比《かしい》の宮に赴いたときのことが語られる。オキナガタラシヒメに対しては、奈良時代に淡海三船によって神功皇后の漢風諡号が選ばれた。訶志比の宮は現在の福岡県福岡市東区にある香椎宮のことである。

仲哀天皇と神功皇后がそこに出向いたのは、熊曽国を撃つためだった。そして、そこにおいて神功皇后が神憑りすることになる。

天皇が琴をかき鳴らし、忌み浄めた祭場にはタケノウチノスクネが控えていた。すると、皇后は神憑りし、西の方に一つの国があり、金や銀をはじめとして目にもまばゆい珍しいさまざまな宝物がその国には多いので、私がその国を帰服させようという託宣を下した。

この神の託宣に対して、仲哀天皇は、自分は高いところに登って西の方角を見てみたが、国らしいものはなく、大海があるだけだと答えた。天皇は、神が偽りを言ったと考えており、ふたたび琴をかき鳴らそうとはしなかった。

するとすると神は激しく怒り出す。この国はお前の治めるべき国ではないので、お前は、死の国へ赴けと告げる。

タケノウチノスクネがふたたび天皇に琴を弾くように促す。天皇はしかたなく琴を弾きはじめるが、すぐに音が途絶えてしまった。周囲の人間たちが、どうしたのかと灯火で様子を探ってみると、なんと天皇は息絶えていた。

これは、神の怒りの激しさを物語るものである。一同は、天皇の遺体を殯宮《もがりのみや》に移すとともに、獣の皮を剥ぐ生剥や逆剥、あるいは近親相姦や獣姦といった罪を犯した者がいないかを探させ、それを祓うために大祓《おおはらえ》を行った。

その上で、祭場に控えていたタケノウチノスクネが神のことばをうかがうと、この国は、皇后の胎の中にある子の治めるべき国だということばが下った。その子は男の子だというのだ。

タケノウチノスクネがさらに、神に対して、その名を問うと、神は、「こはアマテラスの御心ぞ。またソコツツノヲ（底筒男）、ナカツツノヲ（中筒男）、カミツツノヲ（上筒男）の三柱の大神ぞ」という答えが返ってきた。ソコツツノヲ以下三柱の大神は、大阪の住吉大社の祭神である。天皇の命を奪ったのは、その祖神アマテラスだったのである。

さらに神は、西の方の国を求めるのであれば、あらゆる神々に幣帛《みてぐら》を奉り、我が魂を船の上で祀り、木を焼いた灰を瓠《ひさご》に入れ、また箸や皿を数多く用意して、それをすべて大海の上に散らして浮かべるようにすれば、海を渡ることができると告げた。

この神のことばに従って、軍勢が整えられ、神功皇后は海を渡って新羅の国まで攻め入っていく。新羅の側は、その勢いに圧されて、日本の朝廷への朝貢を誓った。そこで神功皇后は、新羅の国を馬を飼育する「御馬甘《みまかい》」と定め、百済の国についても、渡海を司る「渡屯家《みやけ》」と定めた。これが、高句麗を含めた日本による「三韓征伐」の話になっていく。

このとき神功皇后は、神のことばにもあったように妊娠しており、その子は後に応神天皇となるが、応神天皇には、「胎中天皇」の別名もある。母親の胎内にあったときに出陣した形になっているからである。なお、後に応神天皇は、もともとは渡来人が祀っていた八幡神と習合することになる。

日本書紀でも、同じ話が語られている。だが、話の内容は古事記とは異なっている。仲哀天皇は、神託のあった場でそのまま亡くなるわけではなく、その翌年に病に罹り、それで亡くなったとされる。

古事記では、その後、神功皇后が国内で戦った話が語られるが、それ以外に多くのことは語られない。

ところが、日本書紀では、巻第9全体が神功皇后にさかれている。その量もかなり多い。そこで語られていることについては、熊曽の征伐からはじまって三韓征伐について語られるところまでは古事記と重なる。

その次に語られるのは、仲哀天皇がオオナカツヒメノミコト（大中姫命）との間にもうけたカゴサカノミコ（麛坂皇子）とオシクマノミコ（忍熊皇子）が、応神天皇を即位させようとしているのを知って謀反を起こしたので、それを制圧する話と、さらに、百済からの貢物を奪った新羅を再び征伐する話である。

日本書紀において、仲哀天皇はその治世の9年2月に崩御し、その後、三韓征伐が行われ、翌年の10月に、神功皇后は「摂政」に就任する。これが歴史的な事実であるなら、史上はじめての摂政であったことになる。

これに次いで摂政となったのが聖徳太子である。その後、中大兄皇子、草壁皇子といった皇族が摂政となる。しかし、皇族の摂政は、大正天皇の摂政に当時皇太子だった昭和天皇が就任するときまで途絶える。

その間の時期には、藤原氏が、天皇が幼少のときに摂政になった。天皇が成年を迎えると、摂政だった公家が関白に就任することが多かった。そして、娘を皇太子や天皇に嫁がせることで外戚の地位を確保し、天皇に代わって実質的に政治を担った。摂関政治である。

神功皇后は長く摂政をつとめており、中世の日本や中国の歴史書では、神功皇后が天皇に即位したとされている。したがって、近代に入るまで神功皇后は第15代の天皇と見なされていた。ただ、表記としては神功皇后が多く、その点で地位には曖昧さがつきまとっていた。それもあり、大正15(1926)年の皇統譜令で天皇から外されている。

これ以降、古事記では、神功皇后の産んだ第15代応神天皇、あるいは第16代仁徳天皇、第19代允恭天皇、第21代雄略天皇について比較的多くのことが書かれている。そのなかでは、仁徳天皇がある時、高い山に登って四方を眺めたときのことがよく知られている。国のなかに竈《かまど》の煙が立つのが見えないのは、民が貧しいからで、それで天皇は税を免除したというのだ。

神々についてもそうだが、代々の天皇が、民に対して善行を施した、あるいは好ましい政治をしたという話は、古事記でも日本書紀でもさほど多くは語られていない。その点で、仁徳天皇のエピソードはかなり目を引くものになっている。

その後、第25代の武烈天皇以降になると、誰と結婚し、どういう子たちをもうけたとしか書かれていない。そのなかで一つ注目されるのは、武烈天皇が崩御した後のことである。天皇には跡継ぎがいなかった。そこで、応神天皇の5世の孫で古事記と日本書紀で異なるが淡海国（近江国）から連れてこられた継体天皇が即位する際に、王朝の交代が起こったのではないかという説についてはすでに第5章でふれた。

本書では、こうした点についての議論に深入りするわけにはいかないが、古事記や日本書紀の作者が、皇統が途絶えていないことを必死に示そうとしていることは間違いない。そこには、後に万世一系ということばが生まれる素地があった。

日本書紀では、応神天皇以降、代々の天皇の事績について、それぞれかなり詳しく述べられている。古事記では第33代の推古天皇までしかふれられていないが、日本書紀では第41代の持統天皇のことまでふれられている。ともに女帝で終わっている点が興味深い。

日本書紀は巻が進むにつれ、神話や伝説を記したものではなく、実際に起こった歴史をつづったものと見なされるようになっていく。もちろん、そこにはヤマトタケルの物語のように、伝説や神話としか思えない事柄も含まれているが、歴史書としての体裁を整えていったことは間違いない。

歴史書としての日本書紀について見ていくことは、語られている事柄も多く、本書のような小著では不可能である。機会を改める必要があるだろう。

最後に現代における神話の意味について考えたい。

第8章

現代に蘇る古事記・日本書紀

古事記の本格的な研究がはじまったのは江戸時代から

古事記、日本書紀という形で両書はならび称される。編纂された時代も8世紀前半であり、ほぼ同じ時代である。

しかし、その後、この二つの書物がどのように扱われてきたかでは、大きく異なっている。日本書紀は日本の正史とされ、その後、六国史という形で続編が作られていく。また、平安時代の9世紀から10世紀にかけては、その内容を講義する「日本紀講筵《にほんぎこうえん》」が宮中の行事として営まれた。

それに対して、古事記の方は、日本紀講筵において参考とされたこともあったが、中世には秘本扱いとなり、誰もが簡単には見ることができなくなっていた。古事記の本格的な研究がはじまるのは、江戸時代になって印刷された刊本が出回るようになってからである。

日本書紀に比べて古事記が重視されなかったのは、基本的には古事記が正史とは位置づけられなかったからだが、文体の問題もあった。

第1章で述べたように、日本書紀は、和習と呼ばれる日本人独特の癖や用法も見られるものの、一応は正規の漢文で書かれていた。ということは、漢文の知識のある人間なら、日本書紀が読めたということである。

それに対して、古事記は、正規の漢文ではない変体漢文で書かれていた。そうなると、読み方が難しいし、固有名詞が何をさすか、それを特定することも簡単ではなくなる。

その点で、古事記は読みにくい書物であった。そうした古事記を読みやすいものにすることに大きく貢献したのが、江戸時代の国学者、本居宣長である。宣長の著した古事記の読解書、「古事記伝」は、明和元（1764）年から書きはじめられ、寛政10（1798）年に脱稿されている。

起こる出来事はすべて神の心にもとづくという考え方

宣長は、享保15（1730）年に伊勢の松阪の商家に生まれた。ただ、商売には不向きだったらしく、母親の勧めで京都に出て、医学と儒学を学んでいる。松阪に戻ってからは、ずっと医師として活動し、その傍ら、日本の古典文学についての研究や講義を行った。晩年は藩に雇われたこともあったが、基本的には市井の学者としてその生涯を送った。

宣長は最初、「源氏物語」に関心を持ち、その研究のなかから「もののあわれ」という考え方を強調するようになる。それは、こころのなかに浮かぶ感覚をそのまま素直に表現する文学表現であり、宣長はそこにこそ日本人の精神性の精髄が示されていると考えた。

宣長が古事記の研究をはじめたのは、彼が慕うようになった賀茂真淵の影響だった。宣長は真淵の著作である「冠辞考《かんじこう》」を通して、真淵のことを知る。「冠辞考」は、万葉集の枕詞を五十音順に並べ、意味や用例を解説したものだった。
宣長は、旅の途上にあった真淵と松阪で会う機会を得ることができた。これが二人にとっては生涯一度の出会いになったのだが、その後は手紙をやり取りするようになる。真淵は宣長に古事記の研究を勧め、それがやがて「古事記伝」に結実することとなった。

「古事記伝」が完成するまでには35年もの歳月が費やされた。「古事記伝」は、古事記の各種の写本を校合し、その異同を校訂して本文を確定するという方法を採用しており、現代でも十分に通じる実証主義的な文献学の研究になっていた。その点で価値は大きく、その後、「古事記伝」は、古事記を研究する上で必須の参考図書となった。

ただ、古事記をどうとらえるかということに関して、宣長のもう一つの特徴は、そこに記されていることをそのまま真実として受け取るというところにあった。
たとえば、「古事記伝」の巻6では、「貴きも賤きも善《よしき》も悪《あしき》も、死ぬればみな此ノ夜見ノ国に往」くとしていた。誰でも死んだら、夜見ノ国、つまりは黄泉国に行くことになるというのだ。これは、亡くなったイザナミが黄泉国へ赴いたという古事記の話がもとになっている。

宣長は、中国から取り入れられた儒教や仏教の考え方は、感情をそのまま表現する日本古来の精神性とは異なり、物事を飾り立てたり、理屈に走る傾向があるとし、それを「漢意《からごころ》」と呼んで、排斥しようとした。

儒教はあの世については説かないものの、仏教は極楽浄土や地獄について説く。宣長は、死者は必ず黄泉国に赴くとして、仏教の来世についての考え方をまっこうから否定しているわけである。

しかも宣長は、「玉くしげ」という著作において、「穢《きたな》き予美《よみ》国に往くことなれば、世の中に、死ぬるほどかなしき事はなきものなる」と述べていた。

たしかに、黄泉国に赴いたイザナミのからだには蛆がわいており、そこが穢い国であることは間違いない。宣長は、そのことが古事記に書かれている以上、しかたのないことだととらえたのである。

宣長は、先に引いた「古事記伝」巻6の箇所で、これに続けて、「世ノ中の諸の禍事《まがごと》をなしたまふ禍津日ノ神は、もはら此ノ夜見ノ国の穢より成坐るぞかし」と述べていた。ここにマガツヒノカミ（禍津日ノ神）が登場する。この神は、黄泉国から戻ってきたイザナギが、禊《みそぎ》を行い、穢れを祓ったときに生まれた神である。

宣長は、この神について、「世間にあらゆる凶悪事邪曲事《あしきことよこしまなこと》などは、みな元は此ノ禍津日ノ神の御霊より起こるなり」と述べていた。世の中で起こるさまざまな悪いことは、皆、この神の仕業だというのである。

古事記では、ヤソマガツヒノカミ（八十禍津日神）とオオマガツヒノカミ（大禍津日神）という二柱の神が成ったとされ、それが、「その穢繁《けがらはしき》国に到りし時の汚垢《けがれ》により成れる神」であったとされていた。

ただ、この二柱の神のうち、ヤソマガツヒが、允恭天皇が占いを行った際に登場するだけで、古事記のほかの箇所には出てこない。したがって、実際にどのような禍をもたらしたかは描かれていないのだが、宣長は、この世に起こる悪の源をこの二柱の神に求めている。

ユダヤ教からはじまる一神教の伝統では、この世を創造した神は絶対の善とされる。絶対の善である神が創造した世界では、本来なら悪など生じないはずである。

ところが、悪は存在する。そこで悪が存在する理由を説明しなければならなくなり、一神教はその説明に苦労する。とくにキリスト教では、これをめぐってさまざまな議論が展開された。

それに対して、ペルシアに生まれたゾロアスター教やマニ教は善悪二元論を説き、この世界にははじめから善をもたらす善神と、悪をもたらす悪神が存在するという立場をとった。宣長の考え方は、こうした善悪二元論に近い。その際に宣長は、その根拠を古事記に求めているわけである。

その上で宣長は、当初は「古事記伝」の巻1巻末におさめられ、後に単独で刊行された「直毘霊《なおびのみたま》」において、「此ノ天地のあひだに、有リとある事は、悉皆《ことごとく》神の御心なる中に、禍津日神の御心のあらびはしも、せむすべなく、いとも悲しきわざにぞありける。然れども、天照大御神高天原に大坐々《おおましまし》て、大御光《おおみひかり》はいささかも曇りまさず」と述べられている。

この世界に起こる出来事はすべて神の心にもとづくものであり、マガツヒの心が荒ぶるのは、手のほどこしようのないことで、悲しいとして受けとめるしかない。ただ、そうであっても、高天原にある天照大御神の放つ光はまったく曇ることはないというのである。

宣長は、死者は黄泉国に行かざるを得ないとしたのと同様、悪い出来事が起こるのは禍津日神の仕業であり、それは仕方のないことだととらえた。神のこころに発している以上、悪が生まれるのを防ぐ手立てがないからである。その点で、宣長の考え方はひどく悲観的なものであった。

神話を絶対視した本居宣長

その点では、宣長の死後の弟子となった平田篤胤は、師の教えを尊重しつつ、黄泉国や禍津日神については、師とはまったく異なる見解を抱いていた。

篤胤は、宣長の魂は死後、黄泉国に行ってしまったのではなく、宣長が葬られた松阪の山室山に留まっていると主張し、その点では、師の教えは間違っているとした。

また、禍津日神についても、篤胤はその著作「霊能真柱《たまのみはしら》」において、それが誕生したのは、イザナギが悪の世界を嫌ったからで、悪をなすだけではなく、幸いをもたらすと解釈した。

それも、篤胤には、宣長とは異なり、悲観的な世界観がなかったからである。篤胤は、寝食を忘れて著述活動に邁進するなど、精力的な人物であった。そのため、古事記に書かれていることを絶対視し、諦めの気持ちを抱くことはなかったのである。

しかし、篤胤が宣長の考えをそのまま受け継いだところもあった。しかもそれは、極めて重要な事柄をめぐってのものだった。

宣長は、「直毘霊」でアマテラスの放つ光について述べた後、日本を他国と比較していた。他国では、主が定まっていないので、ただの人間が王となり、王がまたただの人間になるという出来事がくり返されてきた。その際に、王の位を奪おうとして失敗した者が「賊」と呼ばれ、反対に成功した者が「聖人」となる。要は、聖人も賊が成り上がった者にすぎない。ここで言われる他国とは中国や朝鮮半島の諸国が念頭におかれている。

これに対して、日本の国の天皇は、賤しい他の国々の王とは根本的に異なっている。それも、この国を生んだ神につらなる皇統に属しており、最初から、天皇によって統治される国と定まっているからだというのだ。

宣長は、「玉くしげ」において、天皇が支配する日本は、「万国の元本大宗《げんぽんたいそう》たる御国《みくに》なれば、万国共《とも》に、この御国《みくに》を尊《たふと》み戴《いただ》き臣服《しんぷく》して、四海の内みな、此まことの道に依《よ》り遵《したが》はではかなはぬことわりなる」とまで述べていた。日本はすべての国の元であり、他国は日本に臣服すべきだというのだ。

篤胤は、この師の考え方を受け継いで、「霊能真柱」において、「我が皇《すめら》大御国は、万の国の、本《もと》つ御柱たる御国にして、万の物万の事の、万の国に卓越《すぐれ》たる元因《もとのいわれ》、また掛けまくも畏き、我が天皇命《すめらみこと》は、万の国の大君《おおきみ》に坐します」と述べていた。

宣長の弟子は、篤胤を含め５００人近くに及んだが、篤胤の弟子も５５０人程度にもなっていたとされる。重要なことは、篤胤の弟子のなかに、明治維新に際して新政府に参画した人間がいたことである。

その代表が大国隆正であり、彼はさらにその門人である玉松操や福羽美静とともに、神道を新しい国家の国教に等しいものにする活動に邁進した。こうして宣長や篤胤の思想が、現実の政治にも強い影響を与えることになったのである。

篤胤は、キリスト教まで含め、さまざまな宗教に関心を持ったが、宣長の方は、古事記に説かれたことをすべて真実として受け取っており、いわば「古事記原理主義者」としてとらえることができる。

宣長の研究は、現代にも通じる精緻な文献批判を伴うものだったが、古事記に記されていることが歴史的な事実であるかどうかについて、それを徹底して検証していくようなものではなかった。宣長は、古事記にこそ日本人の本来の精神性が示されていると考えるあまり、そこで語られた神話を絶対視してしまったのである。

神話が現代にも持ち続ける役割

こうした宣長の考え方は、近代に入ると、実証的ではない非科学的なものと否定される可能性を有していた。

ところが、日本の近代国家は、宣長や篤胤の国学の影響もあり、天皇を中心とした国作りを推し進めようとし、天皇の位が万世一系で受け継がれてきたことを根幹に据えるようになる。

そして、明治22（1889）年に公布され、翌年に施行された大日本帝国憲法においては、第1条で「大日本帝国ハ万世一系ノ天皇之ヲ統治ス」とされ、第3条では「天皇ハ神聖ニシテ侵スヘカラス」とされた。

なぜ天皇が統治者になるのか。それは、古事記や日本書紀において、天皇が神につらなる存在であると示されているからである。つまり、神話が統治者の正統性の根拠として暗に持ち出されたのである。憲法自体には、天皇が神聖であることの根拠は示されていない。

それは、日本の敗戦後、大日本帝国憲法を改正する形で誕生した日本国憲法においても変わらない。

日本国憲法の第1条では、「天皇は、日本国の象徴であり日本国民統合の象徴であつて、この地位は、主権の存する日本国民の総意に基づく」とされ、天皇が日本の象徴であるのは国民の総意に基づくとされている。

しかし、それは憲法に記されているからであって、国民の総意が明確に示される機会があったわけではない。少なくとも、天皇が複数の候補者から選ばれたわけではない。天皇が象徴であることの究極的な根拠としては、神話をあげるしかない。その点で、古事記や日本書紀は現在においても生きており、日本の社会体制を築き上げる上で決定的に重要な役割を果たしていることになる。

神話に描かれていることのなかに事実があるのかどうか、それを確かめることは難しい。古事記や日本書紀の神代巻の場合、神々の事績について、他に史料は存在しない。そもそも神が実在したのかどうか、そこからして問題である。

だが、古代の歴史ということについて、神話以上に明確な物語は存在しない。文献史料は欠けていても、考古学による史料はあるわけだが、そうした史料から物語を組み立てていくことは容易ではない。

神代については架空の物語であるとしても、それは代々の天皇の事績に結びついていく。どの天皇から実在したと言えるのか、あるいは、実在がかなり明確な天皇について記された事績のどこまでが歴史的な事実なのか、その判断は難しい。しかも、古事記と日本書紀では代々の天皇について語られたことの内容が異なっていたりするのである。

しかし、神話はあらゆる物語の元型となるもので、その内容はかなり興味深いものである。それは、ここまで見てきた古事記や日本書紀の物語が証明している。しかも、神話は、国家の形成過程について語るもので、そのスケールは大きい。そして、国家を形成するまでに活躍した英雄が登場する。英雄は勇敢な存在であるとともに、古事記のヤマトタケルの物語に典型的に見られるように、悲劇性を伴っている。これは各国の神話全体に共通して見られることで、壮大な神話は現代の人間をも魅了する力を有している。

これは、日本の事例ではないが、神話が深刻な宗教対立を生むこともある。

それはインドの古都、アヨーディヤーで起こったことである。1992年、ヒンドゥー至上主義者によって、そこに築かれていたイスラム教のモスクが破壊された。これは、インド各地に波及し、全土で数千人の犠牲者が出た。多くはイスラム教徒である。

それも、アヨーディヤーは、インドの神話的な叙事詩である「ラーマーヤナ」の主人公であるラーマ王子生誕の地であり、そこにはかつてラーマ寺院が建っていたと伝えられてきたからである。

ところが、イスラム王朝であるムガル帝国の時代に、ラーマ寺院が破壊され、そこにモスクが建設されたというのが、ヒンドゥー至上主義者の主張だった。

実は、この事件が起こる前に、「ラーマーヤナ」がテレビでドラマ化され、圧倒的な視聴率を獲得するという出来事があった。それが、ラーマに対する信仰を改めて喚起することになり、モスクの破壊に結びついた面があった。突然、古代の神話が現代に蘇り、深刻な宗教対立を生んだのである。

戦前の日本では、「紀元」という紀年法が用いられた。これは、日本書紀などの記述にもとづいて、神武天皇の即位を西暦紀元前660年としたものである。紀元は皇紀とも呼ばれた。

そして、日本が太平洋戦争に突入する前年の昭和15（1940）年には「紀元2600年事業」が盛大に祝われた。11月10日にはその式典が営まれたが、全国各地では、それを祝う石碑が建立された。「神蹟黄泉比良坂伊賦夜坂伝説地」の石碑についてはすでに第2章でふれたが、そうした石碑のなかには、「神武天皇聖蹟顕彰碑」というものも含まれていたが、これは、神武東征のルート上19箇所に建てられたものの一つだった。

宮崎県宮崎市の平和台公園にある平和の塔も、もともとの名称は「八紘《あめつち》之基《のもと》柱《はしら》」であり、その正面には太平洋戦争のスローガンとなった「八紘一宇《はっこういちう》」の文字が刻まれている。これも、やはり昭和15年に建立されたものだった。

この時代、神武天皇は実在し、紀元元年における即位は歴史的な事実と見なされていた。それは、当時の大日本帝国が、長い伝統を持ち、しかも王朝の交代がない万世一系の皇室を戴く他国に優れた国であることの証とされ、国民を戦争に駆り立てていく推進力ともなったのである。

神話は、過去の架空の物語であり、その点で歴史を語る上で価値はないとすることもできる。

しかし、現実には、近代の社会になっても、あるいは現代においても、神話は蘇り、大きな力を発揮することがある。神話は、国家や宗教、さまざまな事物のはじまりを語るもので、そこにしか根拠を求められない事柄が数多く存在するからである。

それぞれの神社で祀られている神々のなかには、古事記や日本書紀に登場するものが少なくない。その神が信仰するに値するものなのかどうか。その判断は神話によるしかない。神話を否定してしまえば、神道も神社も成り立たない。

さらには、天皇という存在の正統性も、究極的には神話に根拠を求めるしかないのである。

おわりに

ここまで日本の神話を記した古事記と日本書紀について見てきた。そこでは、さまざまな物語が語られており、その語り方は二つの書物で異なっていた。日本書紀は、日本の正史と位置づけられているため、歴史書としての性格が強い。それに対して、古事記の場合には、神々の世界を描くことに重点が置かれている。

神話として描かれていることをそのまま歴史的な事実としてとらえるわけにはいかないし、そう考える人も少ないだろう。

だが、だからといって、神話がまったく無意味なものであるとも言えない。最後の章でもふれたように、日本国憲法下の天皇の地位など、究極的にはその根拠は神話に求めるしかなかったりするのだ。

その点では、神話は現代にも生き続けている。それを荒唐無稽で架空の物語として簡単に斬り捨てるわけにはいかないのである。

ユダヤ教からはじまり、キリスト教、イスラム教へと受け継がれていった一神教の世界では、「聖典」が決定的に重要な意味を持っている。それは神について語ったものであり、そこには神の啓示が示されている。人間は、聖典に記されたことに従って日々の暮らしを送る。

それに対して、日本を含めた多神教の世界では、聖典に匹敵するものが神話である。神話は世界の成り立ちを語り、いかなる神々が存在するかを教える。もし神話が伝えられていないとすれば、それぞれの民族は自らのアイデンティティの基盤を見出すことが難しくなってしまう。

それほど神話は重要なものであり、さらには一神教の聖典も、実は神話の一種としてとらえることもできる。そこに登場するのは神々ではなく神だが、神の物語という点ではまさに神話である。

神話がいつ生まれたかは分からない。はるか昔、古代に生まれ、それが変容を伴いながら現代にまで受け継がれている。新たにまったく別の神話を作り上げることはできない。作り上げたとしても、それは個人的な創作にしかならない。したがって、私たちは、そして世界の各民族は、伝えられてきた神話とともに生きるしかない。

神話には、それぞれの民族の民族性が反映されているという見方もできる。たとえば、スサノオは、亡くなった母、イザナミが恋しい、会いたいと暴れたりもするのだが、そこに、日本人に特徴的な「甘え」の心理を見出すこともできる。古事記で語られたヤマトタケルの父、景行天皇との関係も、同じように子の父に対する甘えとしてとらえることもできるし、親子の間に存在する根本的な断絶を示したものとして解釈することもできる。それは当然、現代にも通じる部分を持っている。

戦前の日本では、神話は一定の強制力を持ち、神武天皇の実在を信じるよう国民は強いられた。戦後はそこから解放されたわけだが、建国記念の日が、神武天皇にちなむ紀元節と同じ2月11日に祝われているということは、そうした力が完全に消滅したわけではないことを示している。

今、私たちは日本の神話をどのようにとらえればいいのだろうか。案外そこには難しい問題が潜んでいるように思われる。

●著者プロフィール
島田裕巳（しまだ・ひろみ）
1953年東京生まれ。作家・宗教学者、東京女子大学・東京通信大学非常勤講師。1976年東京大学文学部宗教学科卒業。同大学大学院人文科学研究科修士課程修了。1984年同博士課程修了（宗教学専攻）。放送教育開発センター助教授、日本女子大学教授、東京大学先端科学技術研究センター特任研究員を経て、現職。著書に『ほんとうの親鸞』『「日本人の神」入門』（以上、講談社現代新書）、『創価学会』『世界の宗教がざっくりわかる』（以上、新潮新書）、『浄土真宗はなぜ日本でいちばん多いのか』『葬式は、要らない』（以上、幻冬舎新書）、『0葬』（集英社）、『教養として学んでおきたい仏教』『教養として学んでおきたい神社』（以上、マイナビ新書）などがある。

図：P73、78、151、181はパブリックドメイン

マイナビ新書

教養として学んでおきたい古事記・日本書紀

2022年5月31日　初版第1刷発行

著　者　島田裕巳
発行者　滝口直樹
発行所　株式会社マイナビ出版
〒101-0003　東京都千代田区一ツ橋2-6-3　一ツ橋ビル2F
TEL 0480-38-6872（注文専用ダイヤル）
TEL 03-3556-2731（販売部）
TEL 03-3556-2735（編集部）
E-Mail pc-books@mynavi.jp（質問用）
URL https://book.mynavi.jp/

装幀　小口翔平＋後藤司（tobufune）
DTP　富宗治
印刷・製本　中央精版印刷株式会社

　ISBN978-4-8399-7698-9

Printed in Japan